Samuel Gottlieb Wald

De Vita Scriptis Et Systemate Mystico Sebastiani Franci

Samuel Gottlieb Wald

De Vita Scriptis Et Systemate Mystico Sebastiani Franci

ISBN/EAN: 9783744667708

Hergestellt in Europa, USA, Kanada, Australien, Japan

Cover: Foto ©ninafisch / pixelio.de

Weitere Bücher finden Sie auf **www.hansebooks.com**

DE

VITA SCRIPTIS

ET

SYSTEMATE MYSTICO SEBASTIANI FRANCI

DISSERIT

SAMVEL THEOPHILVS WALD

VRATISLAVIENSIS

PHILOSOPH. DOCTOR THEOLOG. BACCALAVREVS GRAECARVM LITTERARVM IN VNIVERSITATE REGIOMONTANA ORDINARIVS PROFESSOR

COLLEGII REGII FRIDERICIANI INSPECTOR PRIMARIVS SOCIETATIS REGIAE TEVTONICAE DIRECTOR ACADEMIAE VOLSCORVM VELITERNAE HONORIS CAVSSA ADSCRIPTVS

ERLANGAE

TYPIS HILPERTIANIS cIↄ Iↄ CC LXXXXIII.

DE

VITA SCRIPTIS ET SYSTEMATE
MYSTICO SEBASTIANI FRANCI

DISSERTATIO

QVAM

PRO SVMMIS IN THEOLOGIA HONORIBVS

RITE OBTINENDIS

VENERANDO THEOLOGORVM ORDINI

IN VNIVERSITATE FRIDERICO-ALEXANDRINA

OFFERT

SAMVEL THEOPHILVS WALD

VRATISLAVIENSIS

PHILOSOPH. DOCTOR THEOLOG. BACCALAVREVS GRAECARVM LITTERARVM IN VNIVERSITATE REGIOMONTANA. ORDINARIVS PROFESSOR

COLLEGII REGII FRIDERICIANI INSPECTOR PRIMARIVS SOCIETATIS REGIAE TEVTONICAE DIRECTOR ACADEMIAE VOLSCORVM VELITERNAE HONORIS CAVSSA ADSCRIPTVS

ERLANGAE

TYPIS HILPERTIANIS CIↃIↃCCLXXXXIII

SPLENDIDISSIMO

ACADEMIAE REGIAE SCIENTIARVM BEROLINENSIS
CVRATORI

EVALDO FRIDERICO

COMITI

A B HERTZBERG

REGIS BORVSSORVM STATVS BELLI ET REGIMINIS
ADMINISTRO ILLVSTRISSIMO

ORDINIS AQV. NIGR. EQVITI CAET.

AMICO LITTERARVM

PATRONO ERVDITORVM

FAVTORI SVO

S.

I.

Libelli consilium.

Quum recentiorem mysticae Theologiae historiam ex ipsis eius fontibus haurire nuper inciperem, incidit in manus meas Sebastiani Franci Verdensis Paradoxorum liber, a Melanchthone nigro lapide notatus. Quum vero non modo is repetito studio non indignus, sed etiam auctor eius noui Mysticorum systematis conditor fuisse videretur: colligo omnia, quae hic illic de eo memoriae erant prodita, et perlustro, quotquot inspicere licebat, libros ab eodem scriptos. Sed quum conferrentur inter se, quae de Franco meo Melanchthon, Spangenbergius, Pontanus, Crenius, Zeilerus, Arnoldtus, Baylius, Schelhornius, Baumgartenius, Ioecherus et alii *) passim retulerant: apparebat

*) Conf. Lutheri praef. ad Frederi dialogum *dem Ehestande zu Ehren geschrieben*.

Melanchthon in epist. ad Camerarium, Lipf. 1569. p. m. 443. et 444. idem in Operibus suis, Viteb. 1562. f. P. II. f. 201.

facile, omnia de eo relata nec inter se conuenire, imo ab iis, quae ipse de se passim narrauit, plane differre, quid quod imputari ei opiniones nonnullas, quas vel plane ignorauit, vel claris verbis respuit, ita vt contendere audeam, plurimos ipsa eius scripta non legisse, nullum fere mentem eius percepisse.

Prae-

Spangenberg in libro suo: *Adelsspiegel*, Tom. I. Lib. XVIII. Cap. II. Tom. II. Lib. I. Cap. 13. et alibi passim.

In Gesneri bibliotheca contracta. f. 621. a. nonnulla eius scripta recensentur.

Pontani Poemata. Amst. 1634. p. 117.

Zeileri historici, chronologi &c. celebres, P. II. p. 57.

Crenii animaduersiones philologicae et historicae. P. XI. p. 92.

Ottii annales Anabaptistarum p. 82. 95. 97. quibuscum conferri merentur epistolae ab ecclesiae Helueticae reformatoribus vel ad eos scriptae. Centur. I. Turici 1742. p. 167. sqq.

Morhofii Polyhistor, Lib. I. p. 278. tantum de adagiis eius agit.

Christ. Thomasii diss. de iure statuum imperii dandae ciuitatis §. XVIII.

Arnoldti *Kirchen- und Ketzer-Historie*, Francof. ad Moen. 1700. fol. P. II. Lib. XVI. Cap. XXI. §. 40.

Seckendorfius in Historia Lutheranismi. Lips. 1714. 4. pag. 1848. et 2507. sqq.

Bayle in diction. hist. crit. Tom. II. art. Sebast. Francus.

Unschuldige Nachrichten. 1705. 1707.

Heumanni Progr. I. ad Boecleri hist. liter. saeculi XVI. p. 7.

Historia Bibliothecae Fabricianae P. V. p. 434. et 435.

Kurtze

Praecipuos igitur eius libros denuo, et qui ad perſpicienda eius placita ſingularia optimi mihi videbantur, Chronicon nempe vniuerſale et Paradoxa, plus vna vice aſſidue perlegi, vt ſyſtema eius Myſticum tum ipſe clarius perſpicerem, tum lectoribus dilucidius exhibere poſſem, quam ab Arnoldto, Baylio et aliis factum eſt.

II.

Vita Sebaſtiani Franci.

Antequam ſyſtema huius Myſtici delineare audeo, pauca de eius vita, ingenio, moribus, et ſcriptis, me praemittere opus eſt.

Quo

Kurtze Nachrichten von den Büchern und deren Urhebern in der Stollischen Bibliothek. P. I. p. 99. ſqq.

Reimannus in Catalogo Biblioth. p. 259. 448. 743. et in Hiſt. Lit. Vol. V. p. 334. ſqq.

Ioecherus *in Gelehrten - Lex.* ed. recent. Tom. II. p. 719. In additamentis Adelungianis de Franco noſtro nihil legitur.

Zeidlerus in Lex. vniuerſal. T. IX. p. 1678.

Schelhornius in Amoenitat. lit. Tom. XI. p. 57. ſqq. idem in *Ergötzlichkeiten aus der Kirchenhiſtorie u. Litteratur,* P. I. pag. 109. ſq. conf. *Erneſti neue theol. Bibl.* P. III. p. 83.

Baumgartenius in *Geſchichte der Religionspartheyen*, p. 1067.

Semlerus in *Ausz. der Kirchengeſchichte*, P. II. p. 594. ſqq.

Ezechielis, Paſtoris quondam Petersdorf-Olsna-Sileſii, in collectaneis manuſcriptis, quibus vti licuit.

Praeterea Keckermannum, Spondanum, Micraelium, Slüterum et alios, quos a Baylio, Arnoldto et aliis allegatos legi, ipſe vero non contuli.

Quo anno Saeculi XVI^ti natus sit, non constat; quo loco, est fere incertum. Ipse se Wördensem praedicat. Hinc eum

I. Crenius l. c. *Woerda-Hollandum* dicit;

II. Hirschius, a celeb. Willio *) refutatus, *Norimbergae* et quidem in suburbio Wöhrd natum esse conficit;

III. Luppius, qui nostri imaginem aeri incisam publici iuris fecit, *Nobilem Silesium* **) fuisse perhibet. Confundit autem, vt opinor, artifex ille circumforaneus *Sebastianum* Francum cum *Fabiano* Franco, aequali suo, Afslauia-Silesio, A. M. qui a. MDXXXII. Argentorati *Ain Cantzley- oder Tittelbüchlein* edidit. Denique

IV. Schelhornius e P. II. Cosmógraphiae ipsius Sebast. Franci, fol. 32. b. ***) collegit, eum in Bauaria et quidem Insula Danubii (*Donauwerth*) natum esse.

De

*) *Wills Nürnberg. Gelehrten-Lexicon*, P. I. p. 456.

**) Inscriptio picturae, quam possideo, haec est: *Sebastian Franck von Wördt, Eques nobilis Silesius. Der bey der Päbstschen Brut ein Ketzer heissen muste, da Er doch nichts als nur von Iesu Lehren wuste, Sebastian Franck von Wöhrdt, sah so von Angesicht, Er war mit seinem Thun allein auf Gott gericht.*

***) Locus hic est: *Die Flüsse, so in die Thonaw fliessen, sind die Ner, die Wernitz, Bernicus genannt, bey* Thonaw *Würd, meinem Vaterland.*

De praeceptoribus eius nihil conſtat. In Academia Vitebergenſi litteris operam dediſſe ex ſupra laudata *) epiſtola Melanchthonis coniicio. Amicis vtebatur Melchiore Hofmanno, Ioanne Campano et Caſp. Schwenkfeldio. Quales hi fuerint, quum notiſſimum ſit, monſtrare non opus eſt.

Primus liber, quem edidit, Turciae eſt deſcriptio. Prodiit altera vice Auguſtae Vindelicorum ao. MDXXX. Secundus, Chronicon vniuerſale, prodiit ao. XXXI. Argentorati, quo t. t. viuebat Francus. Ob liberalia eius de nobilitate et haereſibus iudicia, quae paſſim in hoc libro reperiebantur, ab Argentoratenſibus eiectus eſt. Quod cenſorem chronici mendaciis feſellerit nec non hac ratione crimen laeſae Maieſtatis, neſcio cuius, vt in collectaneis Ezechielianis relatum legi, commiſerit, probari non poteſt. Anno XXXIII. Vlmam venit ibique ius ciuitatis, nec non paullo poſt Secretarii ciuici munus impetrauit. Quo munere, impulſu Theologi apud Vlmenſes primarii, Martini Frechtii, ob placita, quae fouere dicebatur, fanatica, anabaptiſtica, imo ethnica et atheiſtica, priuatus deinde virgis a carnifice caeſus **) et ciuitate pulſus eſt. Hinc adiit Ba-

*) Melanchthon ad Camerarium l. c. ſcribit: Swarcebergium quidem iudico homini idoneo commendatum eſſe, Sebaſtiano Franco, cuius tibi mitto elegiam, non vt inde ingenium aeſtimes, habet enim alias venuſtiores dotes ingenii.

**) Confer epiſtolam Frechtii ad Bullingerum, in collectione ſupra laudata, p. 167. 175. et Ottii Annales p. 82. 95. 97., nec non Ezechieliana.

Basileam, inde iterum petiit Argentoratum; vbi et quo anno mortuus sit, nullibi inuenire potui. Certe anno XXXVII, quo habebatur a Theologis Luthcranis conuentus Smalcaldiae, adhuc viuebat; de eo enim adhuc viuo ibi sermo erat; anno autem XXXXV. iam defunctus; Lutherus enim in praefatione ad Frederi dialogum eodem, quem dixi, anno editum profitetur, se contra Francum, dum vixisset, scribere noluisse, quum nimis acri stilo contra aduersarios suos vsus esset.

III.

Ingenium et mores.

Erat ingenii non spernendi, amplissimae doctrinae et liberalis animi. Legebat philosophos Graecos et Latinos. Allegat Platonem, Aristotelem, Ciceronem et Boethium; recenset Patres Graecos et Latinos; respuit superstitiosas Talmudi fabulas; reiicere audet Origenis allegorias et Pelagii haeresin; praefert Ambrosium et Lactantium, rarissime laudat Augustinum; maximi facit Taulerum; hic illic adstipulatur Schwenkfeldio, Campano, Melch. Hofmanno et Anabaptistis. In Geographia versatissimus. Historiam πραγματικως tractat; saepe vero ingenio suo satyrico indulget. In historia ecclesiae Chr. inprimis haeresium optime versatus erat. Litterarum autem Romanarum, vt Hieronymi de Hilario verbis vtar, aurulam tantum ceperat *).

In

*) Interpretatur vocabulum latinum *vespillones* (*Todtengräber*) germanico *Fledermäuse* et confundit illos cum vespertilionibus.

Ita

In interpretatione scripturae sacrae sensui allegorico nimis indulget *). Mathematicum et Philosophum non spernendum, imo Cartesii, Spinozae et in nonnullis Kantii praecursorem fuisse, colligere licet ex iudiciis de rebus ad philosophiam et Mathesin pertinentibus, quae in Paradoxis passim leguntur. Scholasticae Theologiae sui temporis praeferebat Mysticam, quam noua methodo exponere studuit. Enthusiastam autem fuisse, aut vaticinia edidisse eum, nullis testimoniis fide dignis effici potest. Multa scripsit historici, philosophici et theologici argumenti, quae quidem omnium aequalium applausu non accepta, attamen saepius recusa et in varias linguas translata sunt, a Mysticis magni habentur et *rarissime* occurrunt.

IV.

Scripta.

Qui Sebastiani Franci mentionem fecerunt, nec omnes eius libros nec omnes eorum, quos allegarunt, editiones

Ita enim ex Orosio mortem Domitiani refert: *zulezt aus Gottes Verhängniß in seiner Schlafkammer von den seinen erschlagen, und sein Leichnam zum Theil von den Fledermäusen vertragen und schändlich begraben.* Quem errorem iam Schelhornius monuit, *Ergözlichk. B.* I. p. 121. Cui tantum hoc ex multis aliis addere volo, quod Francus vocabulum Germanorum *unüberwindlich* perperam latino reddat vocabulo *inuictus*.

*) E. c. parad. LVII. *Moses befiehlt den Juden, daß alle Thiere, so die Klauen nicht spalten, unrein seyn. Das soll man* per allegoriam *verstehen, daß alle Dinge gespalten sind und zwey Ansehen haben.*

nes et verſiones recenſuerunt. Igitur catalogum omnium, qui extant, Franci librorum eorundemque editionum, quanta potui aſſiduitate, adornaui. Quos ipſe inſpexi libros, vno, quos vero b. Ezechielis poſſedit, duobus aſteriſcis diſtinxi, vt certi eſſe poſſint lectores, et librum et editionem allegatam vere exiſtere.

Ordine chronologico ita ſe excipiunt:

I. Turciae deſcriptio, quam ex alio, neſcio quo libello exotico in vernaculam linguam transtuliſſe tantum Francum, monuit Schelhornius *Ergötzlichk.* Tom. I. p. 121. ſqq.

Chronick, Abconterfayung und Entwerfung der Türkey, mit ihrem Begriffe, Ankunft, Kriegen, Glauben, Geſetzen, Sitten, Regiment &c. &c. Augsb. 1530. *in* 4. editio poſterior. Prior, vt opinor, ſ. l. et a. prodierat.

II. Chronicon ſ. hiſtoria vniuerſalis ab orbe condito vſque ad a. Chr. cIↄIↄXXXXIII. Tribus conſtat partibus. Prima continet hiſtoriam antiquam ab Adamo vſque ad Chriſtum; ſecunda hiſtoriam recentiorem politicam, inprimis Imperatorum Romanorum vſque ad Carolum V. — *Käyſer - Chronick* — tertia hiſtoriam eccleſiae Chriſtianae, haereticorum inprimis et pontificum maximorum vſque ad Clementem V.

Stollius in Hiſt. Bibl. Vol. I. p. 100. et Ioecherus *in Gel. Lex.* ſingularem librum, titulo *Ketzerchronick*, allegant, qui tamen nullus alius eſt, quam tertia haec chronici vniuerſalis pars.

Franci

Franci chronicon ad annum vſque LXXXV. Nicolaus Hoeningerus (per anagramma: Calonius Ghoennerius) continuauit. Idem nonnulla a Franco minus recte propoſita emendauit. Laudat Pontanus Franci hiſtoricum ingenium, liberale iudicium et quod ex ipſis fontibus hauſerit; taxat autem Spangenbergius, quod de nobilibus, principibus et foeminis inique iudicauerit; Loeſcherus et Zeltnerus, quod haereticos excuſauerit et orthodoxos riſui expoſuerit; Herzius in biblioth. Germ. p. 279. quod phantaſias Schwenkfeldianas amauerit et mira ſubinde admiſcuerit. Certe plurimum ἀκριβῶς et πραγματικῶς, ex ipſis fontibus, quos ſubinde male intellexit, et facunditate non vulgari ſcripſit, ita vt Pontanus eum Liuio aequiparare non dubitauerit.

Editio I. prodiit Argentorati a. cIↃIↃ xxxI. apud Balthaſ. Beck, in fol. **

Editio II. ſ. l. anno cIↃIↃ xxxvI. f. ſine indice **. Schelhorn. *Ergötzl.* T. I. p. 120.

Editio III. Vlmae, a. eod. f. cum argumento et indice. **

Editio IV. ſ. l. ao. XXXXIII. f. quae tota cum antecedente conuenit, et vltima eſt, quam ipſe auctor edendam curauit. **

Editio V. Bernae ao. LV. f. apud Sam. Apiarium. ** Cf. Salthenii Catalog. P. II. p. 12.

Editio VI. ſ. l. eodem anno. f. *

Chronica *Zeitbuch und Geſchicht Bibel von anbegyn bis in dies gegenwärtige M. D. LV. verlengt, darinn beda Gottes und der Weltlauf, Händel, Art, Wort, Werck, Thun, Laſſen, Kriegen, Weſen und Leben erſehen und begriffen wirt. Mit viel wunderbarlichen Gedächtnißwirdigen Worten und Thaten, guten*

 und

und böſen Regimenten, Decreten, &c. Von allen Römiſchen Keyſern, Bäpſten, Concilien, Kätzern, Orden und Secten, beyde der Juden und Chriſten. Von dem Urſprung u. urlab aller breuch und miſsbreuch der Römiſchen Kirchen, als der Bilder, H. ehr, Meß, Ceremonien, &c. ſo jezt im Bapſtthumb im ſchwanck gehn, wie eins nach dem andern ſey eingebrochen, was, wo, wann, durch wën, vnnd warumb — Durch Sebaſtianum Franken von Wörd, vormals in Teütſcher zungen, nie gehört noch geleſen. Inhalt Begrif u. Regiſter dieſer ganzen Chroniken, findeſtu zu ende dieſes Buchs — M. D. LV. *

Editio VII. f. l. a. LXXXV. f. a Hoeningero continuata, aucta et reuiſa. *

Chronica. *Geſchichte und Zeitbuch aller Nammhaftigſten und Gedechtnuſswierdigſten Geyſtlichen und Weltlichen Sachen oder Handlungen von anbegin der Welt nach erſchaffung des erſten Menſchen, bis auf das gegenwärtige jar Chriſti M. D. LXXXV. verlengt: darinnen beyde Gottes und der Weltlauff, Hendel, Art, Wort, Werck, Thun, Laſſen, Weſen und Leben erſehen und begriffen wirdt. Von allen Monarcheyen, Königreichen, Policeyen, Römiſchen Keyſern, guten und böſen Regimenten, Decreten, Zeichen, Wunderwerken, Kriegen, Schlachten, Niederlagen, Sigen, Zerſtörungen vieler mechtigen Stetten und Veſtungen, newen Erfindungen, Göttern die von den Menſchen entſtanden, Helden, Ryſen, Vorſtehern, Richtern, Heerführern, Herzogen, Fürſten, Königen, Weltklugen, Hochverſtendigen und erleuchten Mennern, Prieſtern, Philoſophen und ihren ſchönen Sprüchen, die unter den Juden, Heyden und Chriſten gelebt. Von allen Bäpſten, Concilien, guten und böſen Decreten, Orden und Glauben, beyde under den Juden und Chriſten. Von dem Urſprung und Vrhab aller Ceremonien der Römiſchen Kirchen, wie das Bapſtthumb ſeye auffkommen, und ſo hoch geſtigen, wie eins nach dem ändern ſey eyngeriſſen: Was, wo, wann, durch*

durch wen, warumb, diß oder das geglaubt, gesezt und gehalten worden sey, &c. &c. Iezt aber durch Calonium Ghönnerium, *einen Liebhabern der Historien, von anfang der Welt bis auf das M. D. LXXXV. jare Christi mit allerley Gedechtnußwierdigsten Geschichten, sampt verzeichnung der jarzahlen, zu Nuz aller Liebhabern der Historien mit groser Mühe und Arbeit ausgeführt und gemehret — M. D. LXXXV.* *

Versionem huius chronici Hollandicam a. cIɔIɔxxxvi. prodiisse refert Ezechielis.

De raritate omnium editionum huius chronici vid. Engelii Biblioth. P. II. p. 14. sqq. et Vogtii catalog. libr. rar. p. 284. Rarissima est prima, cf. Salthenius l. c.

III. De essentia dei libellus, Spinozae praecursor.

Daß Gott das ainig Ain und höchste Gutt. f. l. 1534. cf. Salthenii Bibl. P. II. p. 267.

IV. Cosmographia, vel potius Geographia, quae t. t. optima erat, ex iudicio Baumgartenii l. c. pag. 1068.

Weltbuch, Spiegel und Bildnüß des ganzen Erdbodens in IV. Büchern. Tübingen 1534. f. **

Aucta et emendata editio a. cIɔIɔLXVII. Francofurti ad Moenum in fol. prodiit. ** Versionem eius Hollandicam a. cIɔIɔcxxxxix. Bolswaertii prodiisse refert Ioecherus l. c.

V. Paradoxa i. e. scripturae sacrae dogmata, quae hominibus a spiritu sancto non illuminatis paradoxa, imo falsa videntur. Classicus liber ad perspiciendum systema eius mysticum. Reiectus est a Theologis Smalcaldiae congregatis a. cIɔIɔXXXVIII. a plurimis non perceptus, in doctrina de de dei effentia Spinozae, de tempore et fpatio nec non de rerum natura et φαινομενος Kantii praecurfor. Recenfetur in *Unfchuld. Nachrichten* 1707. pag. 677—688. a Fabricio in Hift. Biblioth. p. 434. et a Reimanno in catal. Biblioth. P. I. p. 743.

Editio I. f. l. et a. prodiit. Videtur autem Fabricio l. c. excufa effe Vlmae circa a. cIↄIↄxxxv. In fronte haec leguntur:

Paradoxa ducenta octoginta *d. i. C.C.LXXX. Wunderred, vnd gleichfam Rhätterfchafft, auff der H. Schrifft, fo vor allem Flaifch vnglaublich vnd vnwar find, doch wider der ganzen Welt wahn vnd achtung, gewiß vnd war. Item aller in Got Philofophirenden Chriften rechte, Götliche Philofophei, vnd Teütfche Theologei, voller verborgner Wundderred vnd gehaimnüß, den verftandt allerlayfrag, vnd gemayne ftell der H. Schrifft betreffende, Auch zur Scherpffung des vrthails überausdienftlich, entdeckt, ausgefürt vnd an den Tag geben, durch Sebaftianum Franken, von Wörd &c. &c.* *

Editio II. Vlmae a. XXXVI. in 4. prodiit. **

Editio III. f. l. a. XXXXII. in 4. cf. Salthen. Bibl. P. II. p. 274. fq.

Editio IV. Pforzhemiae a. LVIII. in 8. cf. Salthen. Bibl. P. II. p. 551

Editio V. a. LIX. in 8. Allegatur ab Ezechiele, qui tamen eam non vidit.

Editio VI. Luneburgi anno faeculi XVIImi LXXXX. in 12. prodiit. Cf. Fabricius l. c. p. 434. et Salthenius l. c. pag. 560. Baumgartenius l. c. p. 1068. eam anno LXXXXII. adfcribit.

VI. Arca aurea f. loci illuftres e fcriptura facra, Patribus ecclefiae et fcriptoribus ethnicis delecti, de deo, Chrifto, fpiritu f., angelis, diabolo, animo humano, libero arbi-

arbitrio, malo et peccato originis, iuſtificatione, λογω, legibus, ſcriptura ſ., gratia, fide et operibus, ſpe et amore dei. Difficilis intellectu eſt. Recenſetur in *Unſchuld. Nachr.* 1735 p. 384. a Stollio l. c. Vol. I. p. 98. et 101.

Editio I. Auguſtae Vindelic. a. cIↃ IↃ xxxviii. prodiit. Cf. Salthen. in Bibl. P. II. p. 221.

Editionem (II.) a. XXXIX. prodiiſſe refert Arnoldtus l. c. Tom. I. p. m. 283.

Editio III. Bernae, apud Apiarium a. LVII. in fol. *

Die Guldin Arch darein der Kern vnnd die beſten Hauptſprüch der Heiligenſchrifft, alten Leerer vnd Vätern der Kirche, Auch der erleüchten Heyden und Philoſophen, für und vber die gemeyn ſtell der ſchrifft (daran der hafft und Satz unſerer ſäligkeit liegt, und darin der Chriſten glauben als inn eim angel geht) getragen, verfaſſett und eingeleibt ſeynd, Ia viler männer und zeügen Gottes, gleiche einhällige ſchrifftmäſſige Anſag, und beede für geleert und ungeleert, ſo nitt all Bücher mögen haben, oder vor vnmüß nitt alles durchleſen, Gmeyne Librey und Teütſche Theologey zu ſamen tragen, durch Sebaſtian Franken von Wörd — M.D.LVII. *

VII. Chronicon Germanorum, vel potius clauis poematis celeberrimi *Theuerdanck*, de quo conf. Kocleri diſp. de inclyto libro Theuerdanck. Altorf. 1714. p. 25. Confunditur a nonnullis cum Chronico vniuerſali ſupra recenſito.

Chronick der Deutſchen, von aller deutſchen Völker Herkommen, Nahmen, Händeln, Thaten &c. Augsb. 1538. fol. allegatur in Ezech. collectan. Editio II. ſ. l. anno XXXIX. f. prodiit. Cf. Schelhorn. *Ergötzl.* T. I. p. 120. et Salthen. l. c. T. II. p. 73.

VIII. Commentarius in Pſalmum LXIV.

Schrifftliche und gantz gründliche Auslegung des 64. Pſalms, die falſchen Propheten, Lehrer, Lügner, Trüger, Gottesfeinde betreffend, wie und mit was Kunſt ſie ſich unterſtehen, und üben, Chriſtum und ſeine Glieder auszureuten und zu vertilgen, wie fern ſie es bringen, und wie ſie ſich ſelbſt ſchädigen, und in ihre eigene Grub und Strick fallen, ohn alle menſchliche Affect *und Gloß ausgeführt.* S. l. 1539. laudatur ab Arnoldto l. c. Tom. I. p. 283.

IX. Liber VII. ſignaculis clauſus, ſ. dubia ſcripturae ſacrae vexata, quae nemo niſi edoctus a ſpiritu ſ. ſoluere poſſe contendit. Viſiones apocalypticae de homine interno eiusque operationibus explicantur.

Das verbütſchirte mit ſieben Siegeln verſchloſſene Buch, das recht niemand aufthun und leſen oder verſtehen kann, dann allein das Lamm, und die mit dem Lamme bezeichnet dem Lamme angehören. S. l. a. 1539. f. Cui adiecit apologiam librorum ſuorum. Cf. Arnoldtus l. c. T. I. p. 283. Stolle l. c. Vol. I. p. 100. et Reimmanni bibl. p. 259.

X. Adagia. Prodierunt Francofurti ad Moenum a. cIↃIↃxxxxI. in 8. Morhofii Polyhiſt. P. I. Lib. I p. 278.

Sprüchwörter, ſchöne weiſe herrliche Clugreden, und Hofſprüch, darinnen der alten und nachkommenen aller Nationen *und Sprachen gröſte Vernunfft und Klugheit, was auch zu ewiger und zeitlicher Weisheit, Tugend, Zucht, Kunſt, Haushaltung und Weſen dienet, geſpürt und begriffen wird. Zuſammentragen in etlich tauſend in luſtig höfflich teutſch beküerzt, beſchrieben und ausgelegt. Frankfurt am Mayn, bey Chriſtian Egenolffen* 1541. in 4. **

XI. De

XI. De arbore fcientiae boni et mali. Citatur quidem ab Arnoldto, Ioechero et Baumgartenio l. c. fed locus et annus impreffionis non indicatur. Germanice primum prodiit, mortuo auctore etiam latine, et quidem Mühlhufii fuperioris Alfatiae, a. cIↃIↃLXVII. in 8. h. t.

De arbore fcientiae boni et mali, ex qua Adamus mortem comedit, et adhuc hodie cuncti homines mortem comedunt, quidnam ea fit, ac quemadmodum ea etiam hodie cuique, ficut Adamo, vetita fit: et quemadmodum haec arbor, videlicet ferpentis fapientia, in Adamum plantata fit magnus ille deafter et multiceps illa bellua, cujus fit in Daniele et Apocalypfi mentio, quam adoret vniuerfus mundus. Et rurfus quid fit arbor vitae, contra totius humani generis fapientiam, probitatem atque fcientiam. Item de Majeftate et natura fermonis Dei. (Ficto nomine Auguftini Eleutherii, praenomine autoris Graeco in Latinum et cognomine Germanico in Graecum mutato) Conf. Schelhornii Amoenit. Lit. Tom. XI. pag. 57. annot.

XII. De regno millenario. Cuius verfionem Hollandicam Theologus Remonftrantium Tombergius Goudae a. cIↃIↃCXVII. edidit.

Vom Reiche Chrifti ao. 1611. ita Arnoldtus l. c. p. 283.

Von der 1000jährigen Glückfeeligkeit der Kirche Gottes, fo 1617. zu Gouda Holländifch herausgekommen. Ita Ioecherus l. c.

Arnoldtum indicio anni impreffionis erraffe coniicio.

XIII. De fraudulentia mundi.

Diebsnagel, darinn allerhand Betrug der Welt entdeckt wird. Sine mentione loci et anni impreffionis memoratur ab Arnoldto l. c. pag. 283.

XIV. De famulitio.

Warnung vor dem Zusammenlaufen des Gesindes. Locum et annum impressionis omittit Ioecherus.

XV. Contra genus foemininum libellus, refutatus a Fredero, dialogo germanico Vitebergae a. cIↃIↃxxxxv. cum praefatione Lutheri edito h. t.

Ein Dialogus zu Ehren des Ehestandes.

V.

Placita.

Quae et qualia autem vere fuerint placita eius philosophica et theologica, ipsis eius verbis (ne quum admodum difficilis intellectu sit errem, aut, quae velit, male interpreter) et quidem eodem ordine, quo in *Paradoxorum* libro se excipiunt, recensebo, et quem thesibus suis latinis adiunxit commentarium theodiscum, mutata tamen orthographia, excerpam.

I. Euangelium verbum Dei, est paradoxum merum et perpetuum. Scriptura est liber septem signaculis clausus et obsignatum aenigma. Littera Scripturae est Antichristi gladius, et occidit Christum. Scriptura sine luce, vita et interprete Spiritu est obscura lucerna et occidens littera. Haereses et Sectae ex littera scripturae ortae sunt.

II. Deus quid sit, nescitur.

Was Gott ist, kann niemand definiren, conf. Cicero de natura Deorum L. I. *Soviel man aber auf Gott von weiten druten mag,*

mag, so ist er, nach der Meinung Pythagorae, *ein unleiblich Gemüth, das durch alle Dinge der Natur ausgegoßen, das Wesen und lebendige Empfinden allen Dingen mittheilt.* Item *spricht* Lactantius: *Gott ist ein solch und so groß Ding, daß er vom Menschen mit Worten nicht möge ausgesprochen oder mit den Sinnen begriffen oder bedacht werden. Denn allein Gott ist ein Ursprung aller Dinge, wie* Plato *gelehrt hat, welches Majestät er so groß zu seyn vorgab, daß sie weder mit dem Gemüth begriffen noch mit dem Mund ausgesprochen werden möge. Desgleichen* Socrates *beim* Xenophon *sagt: man soll die Form Gottes zu wissen sich nicht unterstehen.* Item Plato *spricht: was Gott sey, soll niemand fragen, denn man möge ihn weder wißen finden noch aussprechen, und so viel man von ihm wissen möge, sey nicht jedermann zu sagen, ja nicht möglich jemanden zu sagen — denn wie kann man den nennen oder* definiren, *der alles ist in allem, und doch der Dinge keins, das man sagen, zeigen, sehen &c. kann? — Der in allen Dingen und außer allen Dingen ist, allenthalben und doch nicht umzäunet oder umschlossen; der Himmel und Erde erfüllet und ihn doch nicht fassen noch begreifen möge, ein unsichtbarer, unbeweglicher unwandelbarer Geist und unendlich, ihm selbst allein bekannt, gleich und ähnlich. Gott ist allerdings Bildlos, personlos, willos, zeitlos und stattlos.*

III. Deus est, qui operatur omnia in omnibus, excepto peccato.

Das Wesen aller Dinge ist Gott selber; hat auch nichts kein Wesen an ihm selber, sondern von Gott. Aber die gute göttliche Natur hat der freye Mensch in ihm selber verderbet, daß jezt den unreinen nichts rein mehr ist, auch Gott und die an ihr selbst gute Natur.

IV. Deus caret nomine.

 Nomen

Namen machen Unterscheid der Dinge, weil nun Gott einig und allein ist, bedarf er keinen Namen, damit man ihn von andern unterschiede.

V. Deus solus bonus.

Alles was Gut ist, ist Gott.

VI. Felix populus, cuius dominus est deus.
Deum nemo nouit nisi Deus

Man muß das Licht im Licht, Gott in Gott suchen und finden. Darum mag Gott von nichts erkannt werden als von Gott d. i. von ihm selbst, durch seine Kraft, die man den heiligen Geist nennt. Wer Gott mit hoher Kunst aus dem Buchstaben der Schrift durch viel Lesen will lernen erkennen, der überkommt wohl ein lieblos Wißen von Gott, das nicht beßert, ob es ihn wohl gelehrter macht.

VII. Deus est hoc ipsum, quod praecipit.

Gott gebeut die Liebe, und ist die Liebe; er gebeut das Gute und ist gut. Gott begehrt nichts, dann sich selbst uns zu geben uud mit uns zu gemeinsamen. Was er verbeut, das verbeut er darum, daß er es nicht ist, und daß dies nicht gut und Gott ist.

VIII. Deus ceu indigens aliquo manibus humanis non colitur.

Unsere Frömmigkeit ist allein für uns; wir genießen ihrer, nicht Gott; der eben vor, als nach ist, weder reicher noch ärmer, wenn wir uns gleich alle zu Tode sündigten; die Sünde ist allein wider uns und eigentlich nicht wider Gott. Iob. 35 — *Darum ists eine Thorheit, so man Gott will gute Werke thun, so doch nichts Gutes in uns ist, denn daß er selbst in uns würckt.*

IX. Deus solus est Dominus. Mundi dominatio est infima seruitus.

Ande-

Anderer Herren Herrschafft und Reich liegt auf des Armen Schultern, der bedarf jedermans, und muß von ihnen ernährt, bekleidet und zum Herren gemacht werden, welches vielmehr eine rechte Knechtschafft ist. Die aus Gott gebohren sind, herschen nach göttlicher Art, mit eitel Gutthat, Trost, Hülfe und Rath.

X. Inuictus Deus et omnia in Deo. Inuictus Christus et in Christo Christiani omnes.

Gott ist ein so unüberwindlicher (inuictus!) *Herr, daß man wider ihn nichts thun kann, er sieget aber nicht, wie ein Fürst im Felde, der seinen Feind aus dem Felde schlägt, sondern er spottet aller seiner Feinde. Ps. 2. Er hat unsern Sinn, Gedanken &c. also gefangen, daß niemand wider ihn husten kann. So wir ihm absagen, so läßt er uns getrost an ihn anlaufen, bis wir an ihm zu Trümmern springen, dann sprechen wir, er habe uns geschlagen, so wir uns doch selbst an ihm zu Tode haben gelauffen, und werden also von uns selbst überwunden. Dieser Kampf wird vielfältig* figurirt *in der Bibel durch Saul, Goliath und die Kinder Moab. — Also siegt auch Christus und in Christo alle seine Glieder. — Was nun daher fährt, da dücken sie sich in Gott und lasßen das Wetter übergehen, wehren sich auch nicht, sondern überwinden, wie Gott, mit Geduld. Was ihnen von außen wiederfährt, das ist ihrem Feinde (dem Fleisch) geschehen, und hilft ihnen zu ihrer Erlösung und rechtem Siege. Denn wenn der Mensch sein selbst los und ledig wird, so ist er unüberwindlich, weil sich selbst überwältigen der gröste Sieg ist. Daher Paulus spricht: wenn ich schwach bin (nach dem Fleisch) so bin ich starck (nach dem Geist.)*

XI. Triumphus penes victos.

Die Christen, so unterliegen (nach dem Fleisch) sind unüberwindlich, und siegen ob (nach dem Geist).

XII. Deus

XII. Deus est mundo Satan, Christus Antichristus. Deus non est omnibus Deus, Deus mundi Antithesis.

Was gut und wahr ist, das ist vor der Welt und dem Teufel erlogen. Darum kann man nichts so ungereimtes oder wahres sagen, es ist beides wahr und erlogen, nachdem mans ansieht, und gegen der Welt oder Gottes Urteil hält. Der gröste Hause vermeinter Christen ist nie Christ gewesen.

XIII. Mundus hoc ipsum, quod credit, non credit.

Die Welt eifert um Gott und will vor andern Gottes Volk seyn, aber ihr Leben und That bezeuget, daß sie nicht glauben, was sie mit dem Munde bekennen.

XIV. Certa stant omnia lege. Voluntati Dei nulla est resistentia. Dei praescientia, voluntas et praedestinatio nulli importat necessitatem. Deus omnia omnibus.

Es muß alles gehen, wie es gehet. Gottes Willen kann niemand wiederstehen. Gott ist und thut einem jeden, was er ist und will. — Gottes Vorwißen kann nicht fehlen, sonst wäre Gott nicht allwißend. Darum kommt alles gewiß, was er vorher weiß, daß es kommen soll, und muß doch nicht darum kommen, weil er es weiß, sondern Gott weiß es gewiß, daß es frei, von ihm selbst, das Böse aus unsrer Schuld und Boßheit kommen wird; das läßt er nachmals geschehen, und bringt doch dies Vorwißen der Sünde keine Noth und benimmt auch der Freyheit des Willens nichts. Wie Gott alles in allem ist, dem Guten gut, dem Lichte Licht, also ist er dem Verkehrten verkehrt, dem Stolzen stolz &c. einem jeden wie er ihn ihm selbst findet und will. Gott ist eine freie einfließende Kraft, wie wir uns darbieten, also ist er uns, reichen wir ihm den Zunder und sein Bild, das er in uns gelegt, mit Verläugnung unsrer selbst, dar: so zündet er in uns an das Feuer der göttlichen Liebe, den heiligen Geist. — Also läßt uns Gott anschlagen, wie und was

was wir wollen, und lenket Gott unser boshaftiges Herz nicht mit Gewalt zum Guten. — Darum must du dir Gott nicht auf menschliche Weise zeitlich dichten, sondern ihm alle Dinge, das Vergangene, Gegenwärtige und Zukünftige dem Zeitlosen Gotte gegenwärtig seyn lassen. Wie er nun alle Dinge siehet und blos gegenwärtig in seinen Augen stehn also praedestinirt. *er ein jedes. Wir armen, in dieser Zeit gebohren, sind an Zeit, Statt und Person gebunden, gehen auf und ab, vor uns ist Zeit &c. &c. aber nicht bei Gott, der in einem Augenblicke alles übersiehet. Er ist der Anfang und das Ende aller Dinge; ausser Zeit, Statt und Person gestellt. — Wie Gott weiß und siehet, wie und was ein Ding jezt ist, darnach urtheilt,* praedestinirt *und verordnet ers, und läßt das Vorwissen (das allein in dir ein Vorwissen wird genannt) fallen; so wird die Vorsehung (so vor Gott nur eine Ordnung ist, als wenn ein Richter nach der That urtheilt) nicht schwer seyn.*

XV. In Deum non cadit accidens.

Er hatte uns lieb, das wollte niemand glauben, sondern dachte ihn als einen Feind, und überaus zornig. Darum muste er unserm bösen Gewissen zu Hülfe kommen, sich vom Himmel herablassen, in Christo vermenscht werden, und die Welt mit ihm selbst versöhnen. Das ist die einige Ursache, warum das Wort Fleisch geworden ist. Es wäre auf seiner Seite wohl nicht nöthig gewesen.

XVI. Nihil fortius infirmiusque Deo. Inuicto Deo facile quiuis resistit.

Im Gegentheil ist nichts schwächeres, denn Gott, als dessen Gnade und Licht ein jeder Gedanke und Unwille des Menschen mag widerstehen, nicht, daß nicht Gott scheine oder sey, daß er ist, sondern daß ihm Gott nicht scheinet oder Nuz ist. Der Gottlose widerstehet Gott, Gott kehret sich nicht von ihm, sondern er muthwillig von Gott.

XVII. In voluntate semper fit simul et quod Deus et homo vult.

Wie der Wille (des Menschen) frey sey, zu wählen und zu wollen, aber nicht zu würcken. Darum bestehet demnach Gottes Wille ewig, der da thut was er will.

XVIII. Deus neminem damnat, sed quiuis se ipsum.

Ein jeder verdammt sich selbst ohne Gott. Gott der das Leben ist hat gar keine Schuld daran. Er verwirft niemanden, er kehrt sich von niemanden, sondern ein Ieder sich selbst, so er sich von Gott abkehrt.

XIX. Deus neque operam, neque personam respicit.

Er siehet auf das gläubige Herz, ohne Unterschied der Werke und Person, welches er wiedergebührt und in sich ziehet. Denn es gefällt ihm was dieser Mensch redet, thut, läßt &c. &c. weil er alles selbst ist, und Gott nichts als sich selbst liebt. Kein Werck auf Erden gefällt sonst Gott, es gefalle ihm denn der Mensch zuvor, daß er ihn gelassen und gläubig finde, und selbst in ihm könne frey opfern, sich selbst bitten, loben &c. &c.

XX. Voluntas et cogitatio, vtraque libera, non possunt cogi.

Der Mensch ist allein im Willen frey, und unverhindert, zu wollen und zu erwählen das Gute oder das Böse, und einen Herrn anzunehmen, welchen er will, alsdenn ist er mit Dienst verhaft, und nimmer frey, bis ihn der andere Herr wieder frey macht. Also war Adam nach dem Falle nimmer frey, bis ihm des Weibes Saame wieder frey machte.

XXI. Deus autor mali, sed non peccati. Et malum in conspectu Dei non est malum. Peccatum coram Deo nihil est.

Es

Es sind zweyerley, Sünde und Uebel, eins der Strafe, das andere der Schuld. Wie nun Gott das Uebel und die Sünde thut, so ist sie gut und gewiß eine verdiente und billige Strafe, auf daß er Böses mit Bösem vertreibe und Sünde mit Sünde bestrafe. Strafe ist ja nicht Sünde, sondern Güte.

XXII. Deus a peccato per peccatum liberat.

Wenn Gott siehet, daß seine heilige Kinder in fleischliche Sicherheit gerathen wollen, so läßt er sie etwas angefochten werden und straucheln &c. &c. aus lauter Gnade und Liebe, daß er unsern Stolz breche, ja er läßt uns etwa wie Petrum auch in ein Werck der Sünde ausbrechen und das Fleisch überhand nehmen, damit sie nach dem Falle wieder aufgerichtet, Gottes Liebe, Güte und Gnade destomehr erfahren und erkennen, sich fernerhin desto fleißiger hüten &c. &c.

XXIII. Deus potentes non abiicit, cum et ipse sit potens. Habenti dabitur. Dii fortunam adiuuant.

Die recht Gewaltigen, die in Gott reich, unüberwindlich &c. sind, mit diesen allein hält es Gott, wie sie es wiederum mit ihm halten, und so sie also die Gnade Gottes anlegen, gewinnt eine Gnade die andere und eine Tugend die andere &c. Darum wer Gottes Gnade anlegt, der legt immer zu, daß er täglich in Gott reicher wird, bis er gar mit ihm vergöttet, ein Geist, und aller Dinge Gott und Gott gleich wird.

XXIV. Deus repenti obuius, fugit insequentem.

Gott läßt sich erschleichen, aber nicht erlaufen. Wenn wir ihm gerne nach unsern fleischlichen Willen und Andacht ertappen, so fleucht er von uns, weil er ein Geist ist und des Fleisches Vorwiz nicht leiden kann, und läßt uns also vergebens laufen, und sich nimmer finden, bis wir an unserm Laufen verzagen, und nach ihm kriechen, ja bis wir ihn nicht mehr suchen, sondern

 uns

uns niederlegen, feiern, und uns nach ihm nicht mehr gleich verwegen sehnen.

XXV. Quo peior, eo fortunatior. Homo nauci albae gallinae filius dextro Hercule natus. Semper ditioribus aliquid additur.

Wer ein Weltkind will seyn, und mit dem reichen Manne nur nach Guth und Ehre stellen will, an dessen Heile verzagt gleichsam Gott, läßt ihn in seinem Willen hinfahren, und alles nach Wunsch glücken.

XXVI. Deus etiam procul visus, praesto est. Non est propior, quam procul absens, Deus. Deus eminus visus apparet, cominus non item.

Es scheint in Kreuz und Noth, als sey Gott todt und taub, er muß aber also dem Fleische zuwiderkommen, und zuerst ein ätzendes Salz seyn, ehe er kommt mit dem Freudenöhl des heiligen Geistes; so er nahe scheint, so es uns nach dem Fleisch (welches Glück der Gottlosen ist) wohlgehet.

XXVII. Iupiter momento facit, et docet omnia. Omnia opera Dei perfecta.

Wer sein Selbst wahrnimmt, empfindet, daß ihm oft in einem Augenblick einleuchtet und zufällt, davon er einen ganzen Tag zu reden und zu schreiben hat. Der Mensch muß aller seiner Kunst, und auch seiner selbst ledig stehn, soll der Meister zu uns kommen, der uns in einem Augenblicke mehr lehrt, denn alles äußerliche Wort, Predigt und Schrift bis an den jüngsten Tag. Denn ein gelassener Mensch wird in einem Hui in Gott verzückt, und in das Reich Gottes versezt, da eitel Licht ist und alles auf einen Augenblick gelehrt und gesehen wird, daß der darin bleibt, sein Lebelang davon zu sagen hat.

XXVIII.

XXVIII. Dona Spiritus non faciunt Chriſtianum, ſed fides.

Die Gaben und Aemter machen keinen Chriſten, ſo wenig als Perſon, Statt, Zeit &c. Die Gaben werden allein wegen der Erbauung gegeben, nicht, daß der die Gaben hat, deſtomehr vor Gott gilt.

XXIX. Deus principium iuſtificationis et finis.

Pelagius will Gott viel geben, von dem, was vorhin Gottes iſt. Ebion behilft ſich immer des alten Geſezes. Demnach wenn ihm das neue Teſtament zu ſchwer will werden, ſo zoſt er zurück in den alten Wald und Teſtament, und legt die abgelegten ausgenuzten Schuhe wieder an. Gewiß iſt es aber, daß wir ſo wenig zur Wiedergeburt thun als zu der erſten (Geburt). Weil die andere Geburt aus Gott über die erſte iſt, ſo folgt, wenn wir uns ſelbſt rechtfertigen und neu machen möchten, daß wir mehr thäten, denn ſo wir uns erſt hätten ſelbſt gemacht. Wie die Axt ſich in ihrem Meiſter rühmen kann, daß ſie das Holz geſpalten habe, alſo wir in Gott, daß wir dies Gute haben gethan, welches doch Gott aus Gnaden uns zurechnet, als hätten wirs gethan, als wenn ein Schulmeiſter einem Kinde die Hand führt, und es nachmahls lobt, es habe eine gute Schrifft gemacht.

XXX Verbum Domini perſtat in aeternum. Verbo vt omnia facta ſunt, ita hodie quoque ſunt. Verbum Dei vnum eſt. Deus hodie, heri, et in perpetuum, profert verbum, quod creat ſingula.

Das iſt Gottes Wort, das alle Wege in Gott geweſen und ſeyn wird. Derohalben alles was äuſſerlich iſt und zeitlich, als Beſchneidung, Taufe, Schlüſſel, des Herrn Brodt, auch Chriſtus ſelbſt nach dem Fleiſch, ſind nicht Gottes Wort, ſondern allein ein Schatten und Figur deſſelben, wie aller äuſſerlichen Dinge Art nur zu deuten und einzuleiten in die Wahrheit, welche Geiſt

 und

und Leben, und kein Buchstabe oder äusserliche Ceremonie ist. — Das Instrument und Mittel, wodurch Gott alle Dinge geschaffen hat, ist allein das allmächtige Wort, das im Anfange war bei Gott, und Gott ja selbst, welches sonst mit andern Namen: Gottes Wille, Gottes Arm, Gottes Weisheit genannt wird. Wenn Gott sein lebendigmachendes, wesentliches Wort wieder aus allen Kreaturen zöge in sich, wie die Sonne, wenn sie untergehet, ihren Schein: so möchte nichts bestehen, und müßten alle Dinge in ihr Nichts zurückfallen.

XXXI. Deo omnia lucrum merum.

Gott ist ein solcher Künstler, daß er alles zum Besten kann wenden, auch der Seinen Fehler und Sünde. Roem. 8, 1.

XXXII. Deus abſconditus Deus.

Sein Reich ist nicht von dieser Welt, sondern geistlich, innerlich, unsichtbar, im Geist und der Wahrheit verborgen. Also daß ihn die ganze Welt, die nur das äußere ansiehet, nicht gewahr wird, wie er die Seinen nähret zum ewigen Leben, daß ihnen kein Leid widerfähret &c. &c.

XXXIII. Etiam fulminans Iupiter bonus. Charitas etiam irata efflictim deperit.

Gott ist die Liebe selbst, in der kein Unwille, Zorn oder Haß seyn mag, darum ob sie schon erzürnt, schlägt &c. &c. so ist es doch eitel Mutterfluch, der nicht von Herzen gehet, und Gott sich nur also stellt, daß er uns von Sünden möchte abschrecken.

XXXIV. Lex Dei et leue et importabile onus. Verbum Dei et vitae et mortis organum. Bifrons Ianus omnia. In biuio ſunt omnia. Vnum contra vnum, et duo contra duo ſemper.

Gott sein Gesez und Wort, haben zwey ungleiche Völker vor sich; eines, Fleisch aus Fleisch gebohren, Menschen der Natur, und

und alle Adams-Kinder. Diesen ist, ihrer Art nach, das Gesez zuwider, unerträglich, weil das Gesez Geist ist. Das andere Volck ist Geistl, aus Geist gebohren, Kinder Gottes aus dem andern Adam; Gott und sein Gesez ist ihre Natur, Leben, Wohlgemuth und ein süsses Ioch. Darum ist es wahr und nicht wahr, wie man von einem Dinge absolute redet. Es haben alle Dinge zwey Ansehen, eins nach dem Menschen, das andere nach Gott. Nach der Menschen-Urteil ist schwarz und Thorheit, was vor Gott weiß und Weisheit ist. Darum soll man nicht über Worte zancken, sondern einander recht verstehen und auslegen. — Es ist alles Ding zweierlei, recht und unrecht; es ist zweierlei Liebe, Gebet &c. Was unterscheidet die Werke? Der Glaube und Unglaube. Denn alles, was nicht mit einem rechten Auge und Meinung im Glauben geschieht, das ist Sünde und Tod, scheine es wie es wolle.

XXXV. Vt fructus arbori ita cuncta respondent homini. Vt oculus, ita opus.

Alles ist dem Menschen, wie er ist; seine Vernunft, Wille &c. Tod oder Leben, Gut oder Böse, wie er ist. Dem neuen reinen Menschen, ist alles rein und neu.

XXXVI. Arbor scientiae boni et mali mors.

Es ist viel Wißen aller Menschen Tod; jedermann schnappt nur nach vielem Wißen und Kunst, wird dann aufgeblasen und Gott gleich. Adam isset noch täglich von diesem Baume den Tod, wird noch täglich aus dem Paradies getrieben, und fällt in allen seinen Kindern bis zum Ende. Gottes Wort kann nicht vergehen, obgleich die Historie vergehet, so bleibet doch das Wesen und Kraft derselben für und für. — Der Baum des Lebens ist Gott und sein Wort, davor hängt ein blizend Schwerdt, das ist das Gesez und unser Gewißen.

XXXVII. Stultitia modo sapit, et ignorantia sola omnia nouit.

Deß-

Deßhalb wißen allein alles, die sich selbst nicht wißen, sondern in Gott verlieren, sich selbst verläugnen, also daß nichts wißen die gröste Weißheit ist.

XXXVIII. Quo doctior, eo peruersior.

Je mehr einer in menschlicher Weisheit, Kunst und Frömmigkeit zunimmt, desto unweiser und verkehrter er vor Gott wird. Wer ist der Weißheit mehr zuwider gewesen, wer hat die Propheten verfolgt? Wer hat Christum und seine Boten laßen tödten, als die allergelehrteste und frömsten im Volke, die nicht von Gott zum Reiche Gottes, sondern allein vom Buchstaben zum Tode gelehrt waren.

XXXIX. Homo, mundus, caro et Satan vnum. Impius, coecus, mendax est omnis homo. Homo vituperii nomen et titulus. Displicuisse hominibus summa laus.

In der Schrift wird Mensch, Fleisch und Teufel oft für eins genommen, darum daß sie mit einander in einem Bunde stehn. Satan ist der Fürst, die Welt, alle natürliche Menschen, das Fleisch ihr Zweck und Grund. — Obwohl der Mensch ein gut Gemächte Gottes ist, nach seinem Bilde formirt, so ist er doch also verderbt durch die Sünde, daß ihn Gott nicht mehr kennt.

XL. Mundus omnis homo. Quod humanum, id diabolicum. Mundus cum principe iam iudicatus. In damnatione est omnis homo, ne vnus quidem saluus. Periit sanctus de terra et rectus cum hominibus non est. Etiam iusti non sunt iusti. Non est homo iustus in terra, qui bene faciat et non peccet. Iustus in bono opere impingit.

Die Welt ist des Teufels Reich, alle natürliche Menschen und nicht aus Gott gebohren. Und wenn gleich der Mensch kein Mensch mehr seyn will, sondern im Glauben an Christum sich ganz

ganz in Gott verliehret: so will dennoch das Fleisch, das von seiner Natur wider den Geist ist, sich nicht dazu gatten. Weil er nun Fleisch und Geist ist, ob er gleich nach dem Fleisch nicht lebt, so ist er dennoch nur halb fromm. Darum ist keiner durchaus gut, und kein Gerechter ist, der nicht sündige, d. i. der nicht ein Widerbellen und Unwillen des Fleisches empfinde.

XLI. Duo homines in vnoquoque homine.

Wir sind von zweyen widerwärtigen Naturen, Fleisch und Geist, zusammengesezt. — Der zeitlose Gott macht nichts in der Zeit; er hat uns alle von Ewigkeit erschaffen, von innen und aussen; bei uns zeitlichen aber fängt es an, wenn wir dies werden; der neue Mensch ist von Ewigkeit aus Gott gebohren, desgleichen auch der alte irrdische Mensch vor Gott. Dann aber fangen wir vor der Welt in der Zeit an, äusserlich Menschen zu seyn, wenn wir gebohren werden; wir fahen an vor uns in der Zeit aus Gott gebohren und Christus zu werden, zu welcher Zeit wir Christen werden, und den neuen Menschen anziehen; vor Gott aber ist es alles von Ewigkeit und bestehet immerzu. Er schaffet nichts in der Zeit. — Wenn es in die Zeit fällt, (sein Wort: fiat) denn sprechen wir, es ist erst geworden, das vor Gott ewig war.

XLII. Sancti sunt, quicunque vere fideles. Impii mundo sancti. A stulto non differt sapiens coram Deo.

Es ist ein groster Unterschied zwischen einem Sünder (peccator) *und Gottlosen* (impius), *der viel Verstand der Schrift bringt. Ein* impius *ist, der nicht glaubt, daß er ein Sünder sey, also ein Weltfrommer Mann, der auswendig im Geseze steckt, und keinen Gott im Herzen hat. — Wir sind alle vor Gott in gleichem Ansehen und alle von Natur Kinder des Zorns.*

XLIII. Deus et gentium Deus semper.

Gott ist auch der Heiden Gott, ist unpartheiisch, und hat allezeit alle Menschen-Kinder, der Liebhaber der Menschen, gleich lieb gehabt. — Eine jede Secte schwüre wohl tausend Eide, wie die Juden, der gemeine Gott wäre ihr allein. Es wollte in Petrum auch nicht, daß Gott auch der Heiden Gott wäre, sondern ihm hing als einem Juden die alte Larve an: Gott wäre der Juden allein.

XLIV. Nouum et vetus teſtamentum vnum in ſpiritu. Discrimen teſtamentorum ingens et nullum. Nouum teſtamentum in veteri velatum, et in omnium cordibus ſepultum.

Wir wollen, es sey kein Christus, Glaube, Vergebung der Sünde &c. &c. im alten Testament gewesen; wider diese ist das Zeugniß der Schrift vielfältig. Gal. 3. Roem. 4. *Obwohl dies (neue Testament) zuvor in der gläubigen Herzen eingewickelt empfunden ward: so war es doch alles verdeckt, und kein historisch Wissen, sondern nur eine empfundene Kraft Gottes, als wenn einer eine Stadt über viele Meilen, gleich als durch einen Nebel, siehet. Auf diese Weise hat Abraham den Tag in seinem Herzen und Geist gesehen. Darum findet sich allenthalben ein neutestamentisch Volck, auch im alten Testamente, ob es schon nach der Schwachheit der Zeit nicht geoffenbahret wurde. Denn das neue Testament, weil es kein Buchstabe, sondern der heilige Geist selbst ist, muß man von Gott selbst lernen, also daß kein Buch äußerlich Wort und Gottes Dienst neu testamentisch ist, sondern Gott hat uns Heiden, dies durch Christum und seine Apostel überweisen wollen, das vorher in unserm Herzen verschüttet und verdeckt war, nämlich der Wille Gottes in aller Menschen Herzen geschrieben.*

Alles, was äußerlich ist, hat nicht Wesen und Wahrheit an ihm selbst, sondern ist nur eine Figur und Einleitung in das Innere, wie die ganze sichtbare Welt mit allen ihren Vermögen, Thun, Lassen &c. &c.

Bei

Bei den Menschen (so alle Dinge nach Zeit, Statt, Maaß und Person meßen) fängt ein Ding an, wenn es ihnen offenbahret, und für die Augen gestellt wird. — Willst du die Schrift nach den todten Buchstaben verstehen, so ist Gott zeitlich, beweglich und wandelbar, von Ewigkeit bis Christum zornig, ein Gott ohne Güte, Gnade und Liebe gewesen, und erst mit Christo sich verwandelt, und der Welt Gunst gefaßet.

Also kommt ein Christ, so er durch Christum vollkommen in Gott kommt, für (über) Bücher, Sacrament, Predigt und weit für alle äußerliche Dinge, in Gott erstorben, und ein Geist mit Gott; also daß er das Lamm in ihm allein höret, daß er allen äußerlichen Dingen erstirbt, ja weit hinter ihm läßt, den Anfängern zum Zeugniß, denn alle äußerliche Dinge haben ausgedient, und ihr Amt vollbracht, wenn sie einleiten und zu Gott weisen. — Die Historie von Christo wißen und glauben, ist nicht der gerechtmachende Glaube.

XLV. Praecepta Israeli data, non bona.

Die Gebote, Israel gegeben, sind nicht gut. Ihre Satzungen gingen nicht aufs Gewißen, sondern auf die leibliche Strafen. Was sie von den Heiden sahen, wie sie Haus hielten, und ihre Götter ehrten, das wollten sie auch haben, und damit ihrem Gotte auch dienen. Damit sie aber nicht Abgötterei anrichteten, so hieng ihnen Gott an dies Narrenwerck, ärgeres zuvorzukommen, sein Wort. Gott forschet aber seinethalben nicht darnach, der ein Geist ist, und nicht mit Opfern, Arche, u. d. gl. äußerlichen Ceremonien, will geehret werden, sondern seiner Art nach im Geiste. Darum hat er auch zuletzt, als er meinet, es wäre nun genung mit der Docken gespielt, diesen Gottesdienst sammt seinem Reiche, Priesterthum, Tempel &c. &c. abgelegt, und einen Herzens Gottesdienst, eines reinen Gemüths und Gewißens im neuen Bunde aufgerichtet. Daß dennoch der Gottesdienst Israels auf Gottes Seite nicht gar vergebens wäre, gab ihnen

Gott eitel solche Gebote, deren Bedeutung das neue Testament, Christus und der rechte Gottesdienst war &c. &c. — Aus dieser Ursache fällt alles im neuen Testament, was im alten nach dem Buchstaben befohlen war, denn dies Regiment ist aus, und überfezt durch Christum, wiewohl das ewigbleibende allmächtige Wort im Geist, wie es Gott mit den Figuren gemeint hat, ewig bleibt und erfüllet wird. &c. &c. Ein Kind bedarf der Ruthen; so es erwächst und sich selbst zieht, fällt die Ursache, daß es der Ruthen nimmer bedarf. Also ist Christus ein Ende und Anfang des Gesezes, der es aufhebt im Buchstaben, und doch erfüllet im Geist und Sinn. — Ist Gott mit ihm selbst uneins, der an einem Orte Opfer geboten, und am andern nicht haben will? Mit nichten. Denn auch von Anfang hat Gott keines Opfers begehrt. Pf. 50. 51. *Warum hat ers denn nachmals geboten? Daß er eurer Schwachheit nachhänget und riethe gleich wie ein Artzt, um was ärgeres zu verhüten. Also that Gott, als er sie (die Juden) unsinnig fand, und zu Opfern geneigt, wie sie es von Heiden sahen und lernten, und besorgen muste, wo ers ihnen nicht verhinge, sie würden zu den Heiden fallen, und den Gözen opfern, ja sie waren nicht allein bereit, sondern izt schon in Abgötterei gefallen, da ließ ers ihnen zu, ja gebot ihnen, so sie ja wollten opfern und schwören wie die Heiden, daß sie doch in seinem und bei seinem Namen sollten opfern und schwören.*

XLVI. Vetus pactum in nouo foedere ſublatum, iuxta etiam ſtabilitum; nouum teſtamentum veteris abolitio et inſtitutio. Templorum, imaginum, feſtorum, ſacrificiorum et ceremoniarum nullus in nouo Teſtamento vſus.

Was ist nun das, daß wir Mosen laßen fahren, und ein anderes gleich Mosaisches Priesterthum, und ein wenig verkehrtes (veränderliches Priesterthum) mit seinen Tempeln, Kleidern &c. &c. einführen, und daß wir Mosi einen andern Pelz anlegen, und von einer Ceremonie in die andere rücken, so doch das Chri-

sten-

stenthum in eitel geistlichen Gottesdienst, nemlich in Reinigkeit des Herzens, unschuldigen Leben, in der Liebe von reinem Herzen, guten Gewissen und ungefärbter Liebe bestehet. Derohalben sind alle Tempel und Ceremonien aus Unverstande des Glaubens auferbauet, und alles, was noch heute darinn ist, das ist zum Theil jüdisch zum Theil heidnisch, als Altar, Bilder, Zehn Gebote, Orgeln &c. &c.

XLVII. Deus immobilis, nulli auersus succenset.

In Gott ist keine Bewegniß, Zorn, Ungnade oder Verdammniß. Gott ist nie über sein Gemächte entrüstet gewesen, der Zorn ist nur aller in uns gelegen, und so heftig, daß uns das niemand hat können ausreden, und Gott hat seinen Sohn schicken müssen, daß er uns mit Gott versöhnet.

XLVIII. Qui Deum habet, omnia habet, etiam si nihil habeat.

Gott ist alles in allem, die Natur, das Glück, aller Wesen Wesen, aller Tugend Tugend, in ihm sind alle Dinge beschlossen. Es regt sich, webt und lebt alles in ihm, in seiner Hand weset und wendet er alle Dinge. Summa, alles Ding ist ein leer Stroh und ein lauter Nichts, wenn man das Wesen Gott nicht darinn ergreift, besizt und hat. Er ist des Weines, Geldes, Weibes, Kindes, &c. &c. und aller Creatur Wesen, Seele, Kraft und Nachdruck. Wer ihm nicht hat in seinem Herzen und die Kreatur ohne Gott, der hat den Kern und das Wesen des Dinges nicht, sondern nur die Schale und Figur des Dinges. Kurzum außer Gott ist nichts &c. &c.

XLIX. Vita vna et eadem omnibus. Omnis homo, vnus homo.

Wer einen natürlichen Menschen siehet, der siehet sie alle, es ist alles Adam. Wer in einer Stadt ist, ist in der ganzen Welt, findet

findet er schon andere Sitten, Sprache, Kleidung &c. &c. so ist doch das Gemüth und Wille in allem gleich. — Der Unterschied aller Dinge ist allein im Scheine, die Wahrheit ist ihr selbst allenthalben gleich.

L. Fuga acquiruntur gloria, diuitiae et omnia. Insequitur fortuna fugientem. Peccatum fuga, mala vero renisu vincuntur.

Gott und das Glück ist dieser Art, daß sie den Nachlaufenden fliehen. Wer sie will einsperren, und eigen machen, der verliert sie eben damit. Daher kommt es, daß nie keiner, der nach Ehre, Gut und Geld gestellt hat, ist gewesen, dem Ehr und Gut genug sey geworden. Wer aber wie Christus zeitliche Ehre verlacht, der hat alles, ob er gleich äußerlich nichts hat. Denn was ich nicht begehre, des bin ich so satt, als hätte ichs. — Also geht es auch mit der Sünde zu, die kann man nicht überwinden, denn mit der Flucht. Jemehr man sündiget, jemehr wächst die Wollust zu sündigen &c. darum ist nur fliehen hier der Sieg.

LI. Christo omnia subiecta.

Christus lebt ein Herr aller, und alle die Seinen Troz der Welt. Wenn man aber den Schein der Welt von außen angafft, so hat Herodes und Pilatus das Regiment, und Christus nicht, wo er sein Haupt hinlege. Die Welt muß die Pracht und äußern Schein haben, Christus aber mit den Seinen die Wahrheit.

LII. Christus et Deus et homo.

Christus ist wahrer, wesentlicher Gott und Mensch. Denn Gott, das unsichtbare, wesentliche, ewige, selbstständige unbegreifliche Wort, hat sich in dies irrdene Haus Christus herabgelassen, mit Fleisch bekleidet und in Summa ein sichtbarer Gott geworden, auf daß er uns doch etlichermaßen begreiflich würde, und

unser

unser Fleisch vergeistet würde. Nach diesem besten Theile, der Gottheit, ist Christus mehr Christus, denn nach dem äussern schwächsten Theil des Fleisches, wie ein Mensch nach dem innern Menschen mehr Mensch ist, denn nach dem äusserlichen, da er nur eine Figur des rechten wesentlichen Menschen ist.

LIII. Christus hodie, heri et in perpetuum. Christus splendor gloriae et expressa imago substantiae Dei.

Auf ihn deuten alle Figuren der Erscheinungen Gottes (im alten Testament) der feurige Busch, die Arche, Wolcke, Engel &c. &c. also das, was im Neuen Testament Christus ist, im Alten das Wort genannt wird. Ja auch vor dem zeitlosen Gotte, vor dem nichts anfängt, ist Christus auch von Ewigkeit Mensch gewesen &c. &c. nach der Schwachheit des Fleisches aber hat er vor uns Zeitlichen in und mit der Zeit angefangen, alle menschliche Blödigkeit empfunden, Frost, Zittern, Todesfurcht &c. &c.

LIV. Homo ad imaginem Dei conditus.

Der Mensch ist zum Bilde Gottes erschaffen, das ist, Gott hat seiner Weisheit und Wesens, Muster Spur und Bild in des Menschen Herz gelegt, darinn sich Gott selbst siehet, und dies Bild Gottes und göttlichen Charakter nennt die Schrift Gottes Wort, Willen, Sohn, Saamen, Licht, Leben, die Wahrheit in uns, also daß wir Gottes fähig und etlichermaßen nach diesem Bilde göttlicher Art sind.

LV. Sepulcrum Christi gloriosum, vita ignominiosa. Christus vita christianorum. Vita Christi perpetua crux et poenitentia.

Ihr ganzes Thun und Leben ist nichts denn Christus, wer sie siehet und hat, der siehet und hat in ihnen Christum. Wo nun das Leben Christi nicht ist, da ist auch weder Christus noch sein Wort. Sie sind abgesagte Feinde der Welt, des Teufels und des

des Fleisches, das ist: ihrer selbst, und stehen in ewigem Kampfe mit der Sünde, Tod und Teufel.

LVI In dies adhuc crucifigitur Christus. Historia bibliorum omnis hodie, heri et in perpetuum.

Es treibt ein Tag den andern, und es gehen alle Dinge in einem Cirkel, wie die Sonne. Die ganze Bibel muß für und für widerholt werden, Adams Fall, Leben, und Leiden, Christi gehen noch täglich im Schwange. Es hat alle Welt ihre Pharaones, Pilatos, *Pharisäer, die Christum für und für in ihnen selbst, obwohl nicht äußerlich nach dem Buchstaben und nach der Historie, kreuzigen.*

LVII. Christus Sacramentum et exemplum. Christus caro nostra et nos ex ossibus eius. Christus nobis via, veritas, vita, resurrectio &c. &c. Christus et cibans et cibus vitae, omnia carnalia vocans et in se traiiciens. Christus extra nos in carne modo cognitus ne quicquam prodest. Christus et vitae et mortis verbum, symbolum, signum et occasio.

Christus wird unser Versöhner genannt, daß er die Feindschafft zwischen uns und Gott aufhebe, nicht daß Gott mit uns gezürnet habe, weil die Schrift zeuget, daß Gott auch uns Gottlose geliebt habe, sondern daß die Feindschafft allein in uns war, daß wir ihn verkehrt, den Freund einen Feind dachten. — Das böse Gewissen macht uns flüchtig vor Gott. —

Christus ist Fleisch und Geist, Gott und Mensch. Nach dem Fleische ist er uns von Gott geschenkt zum Sakrament und Exempel, Gnadenzeichen, daß wir Gott in ihm ergreifen, daß er zwischen Gott und unserm bösen Gewissen Friede macht z. E. wie wir uns gegen ihn stellen sollen. Er ist Geist, damit hat er Gottes Art sehen lassen, was, wer und wie Gott sey. —

Das

Das ist aller Menschen höchster Adel und Trost, daß das Wort Fleisch und Gott Mensch ist worden — Keiner kann für den andern leiden, sterben, glauben, oder ein Christ seyn.

Das Fleisch Christi wird eine Speise der Seele genannt, nemlich, wenn ich Christum mit geistlichen Augen und nicht wie die Phariseer von aussen ansehe und erkenne ihn im Geist, was Gott mit und in ihm gemeint habe.

LVIII. Cognitio Dei, vita aeterna. Chriſtus viſibilis Deus, carnale adeoque expreſſum verbum Dei. Chriſtus omnibus omnia in omnibus. Chriſtus os, caro et ſanguis verbi.

In Christo erscheint alle Art Gottes, eitel Liebe, Barmherzigkeit gegen Freund und Feind, der nicht kommen war, jemanden zu richten. — Wenn der heilige Geist das Leiden Christi in uns nicht also lehret, daß wir Gott durch Christum erkennen, item, *wo er nicht die Sünde inwendig durch die Erkenntniß der Ursache des vergossenen Blutes Christi abwäscht, ist uns das Leiden Christi ein todtes Wesen, nicht weniger denn die* Hiſtoria Liuii.

LIX. Scriptura humani cordis emplaſtrum. Obieſtum Scripturae humanum cor. Scriptura occidens littera, verbum Dei viuificans Spiritus. Veritas non poteſt ſcribi aut exprimi. Chriſtus et omnia coram Deo et in Deo ab aeterno.

Der unbewegliche selbstständige Gott, hat sich zu uns beweglichen herabgelassen, und unsere Affecten angenommen, richtet alle seine Reden und Schrift auf unser Herz, nicht wie es im Grunde und vor ihm ist, denn das ist unaussprechlich, sondern wie es in und vor uns ist. Also redet die Schrift nach unsrem Herzen, als ob Gott heute dies, morgen das thue, so es doch in Gott und vor Gott alles von Ewigkeit ist — damit er uns je mehr und mehr in seine Erkenntniß führe, daß wir dies Stückwerck und

und Kinderspiel fallen lassen und zulezt von Gott anfangen zu denken, wie er ist, das wird aber niemand sagen und weder schreiben noch lesen können, sondern allein ein jeder für sich selbst empfinden. Darum kann man eigentlich, was Gott, Gottes-Wort und die Wahrheit ist, weder sagen, lesen noch schreiben, der heilige Geist läßt sich nicht regeln noch die Wahrheit in Buchstaben verfaßen; es ist alles nur ein Bild oder Schatten davon, was man reden, schreiben &c. kann, von weitem entwerfen.

LX. Scriptura verbi Dei viui et luminis veri imago et lucerna. Verbum externum interni vmbra et ſimulacrum.

Man sollte die Seeligkeit dem innern lebendigen Worte Gottes alleine zuschreiben, und gar nicht an das äußere Wort oder Schrift binden, wie nüze sie immer dazu seyn mag denen, so deren Verstand Gott offenbaret.

LXI. Fides, quam ſaepius reſpexit Chriſtus, multoties haud vera neque iuſtificans. Ante Pentecoſten nemo Chriſtianus aut fidelis.

Es ist vielmals kaum ein Schatten des Glaubens, den doch Christus im Evangelio hat angesehen, es hat sie aber Christus damit wollen anreizen und zu weiterem Erkenntniß in Gott, zu dem rechten Glauben führen. Denn da die Blinden das Gesicht wieder bekommen, nahmen sie dabei ab, er wäre ein Prophet und heiliger Mensch, von Gott dazu gesandt, daß er den Menschen den Weg der Wahrheit lehret, wie des Volckes Stimme oft beweiset, aber sie glaubten ihm noch nicht als einem Sohne Gottes, daher auch die Apostel immerzu die Wiederbringung des Israelitischen Reichs begehrten. Ich weiß auch nicht, ob die Apostel vor dem Pfingsttage einen rechten Glauben an Christum gehabt und ihn im Geist erkennet haben, man siehet ja, daß immer Unglaube, Unverstand und Wanken da ist, bis sie den heiligen Geist empfingen.

LXII.

LXII. Chriſtus pro mundo non interpellat. Chriſtus pro credituris modo paſſus.

Wiewohl Chriſtus ein gemeiner Heiland iſt der ganzen Welt, ſo kann ſie ihn doch nicht annehmen. Die Sonne ſcheint jedermann, wenn aber jemand wäre, der die Augen zuthäte, ſo ſpräche man recht wohl, dieſem ſcheint die Sonne nicht.

LXIII. Nemo aſcendit in coelum niſi filius hominis, qui in coelis eſt. Adam figura Chriſti.

Chriſtus will anzeigen, daß niemand gen Himmel komme, denn der ein Fleiſch und ein Geiſt mit ihm ſey, ihm gleichförmig.

Es ſchadet Adams Sünde niemanden, ſie werde denn für die Hand genommen und angethan, wie denn etliche jezt ſchreiben, daß nach Chriſti Zukunft die Erbſünde niemanden verdamme, denn der ſie an die Hand nehme und nicht laſſen will, ſondern deren Früchte bringt. Durch das Annehmen thut der Menſch erſt den Fall, alſo nüzt Chriſti Gerechtigkeit niemanden, denn der ſie anziehet.

LXIV. Chriſtus plus veritatis teſtis, quam doctor.

Gott hat beſchloſſen, daß er einmal wolle Lehrer ſeyn und zu unſrer Seele ohne Mittel handeln. Darum hat er Iſrael ſein Geſez für Augen geſtellt und zulezt ſein Wort mit Fleiſch bekleidet, daß wir in Chriſto überzeuget höreten und ſähen, was die Sache wäre. Darum er auch die Apoſtel nicht konnte lehren, ſondern erſt den heiligen Geiſt als den rechten Doktor verſpricht.

LXV. Chriſtus extra nos non prodeſt quidquam. Chriſtus in carne modo cognitus inutilis.

Wie nichts äußerliches außerhalb der Seele den Menſchen verunreinigt, alſo heiliget auch den Menſchen nichts, das nicht von innen herausquillt und mit ſeiner Seele vereint iſt.

LXVI. Omnia in omnibus Chriſtus. Vnus Chriſtus, omnis iuſtitia. Chriſtus Chriſti forma et explicatio.

Der inwohnende Chriſtus iſt alles in allem, der auswendige aber im Fleiſch iſt Chriſti des innern Bild und Ausdruk. Siehe nun das Leben Chriſti an, was er uns gelehret, und in ſeinem Leben für ein Bild vorgetragen; in dies Leben, Wort und Exempel verſezt werden, heiſt in Chriſtum und nicht allein an Chriſtum glauben und dies Leben folgt gewiſt aus dem Glauben, wenn er recht iſt. — Die Tugenden hangen alle an einander wie eine Kette und iſt nicht mehr, denn eine Tugend. Im Grunde iſt nur eine Sünde und ein Recht, cf. Auguſtin. de ciuit. Dei L. I. cap. 18. *Die Sünden ſind alle gleich im Unglauben und alle Werke gleich im Glauben. Vor der Wiedergeburt iſt alles Sünde.*

LXVII. Scopus vitae Chriſtus, adeoque et gregis et Dei forma. Chriſti vita Chriſtus et omnia. Omnes Chriſtiani vnus Chriſtus.

Wir ſollen alles in Chriſtum und nach Chriſto richten, denn Chriſtus iſt nicht allein das Leben, ſondern auch ein Muſter und Exempel deſſelben im Fleiſch geworden. — Darum iſt Chriſtus nichts, wenn er auſſer uns iſt, er muſt in das Herz und in uns mit unſerer Seele vereint werden, daſt er in uns lebe und das Wort in uns, wie in ihm, Fleiſch werde.

LXVIII. Velle ſuum cuique infernus. Etiam bona hominis voluntas et intentio mala. Optimus quisque homo naturae nequam et filius irae. Sua cuique ſapientia et ratio idolum.

Vor des Menſchen Wiedergeburt iſt er arg und ſeine Frömmigkeit eine Frömmigkeit des Fleiſches und eine Heucheley.

LXIX.

LXIX. Ne ſit nimium iuſtus et prudens. Ius et iuſtitia ſeminarium malorum. Cedere ſuo foro ſumma iuſtitia.

Es geſchiehet oft, wenn man zu viel weiſe und fromm will ſeyn, daß man in die höchſte Sünde und Thorheit fällt z. E. Phariſäer. Es mag ſich auch zutragen, daß gemeiner Menſchen Liebe eigene weicht, wider das Geſez, daß das gemeine weit vor das eigene. — Iedermann gutes thun und unſer Recht laſſen und darum von denen, denen wir Gutes bewieſen haben, gehaßt werden und wie Chriſtus Böſes um Gutes zum Lohn empfangen. Dieſe Nachlaſſung des Rechtes iſt höchſte Gerechtigkeit, wiederum des Menſchen Gerechtigkeit um das mein und dein die höchſte Ungerechtigkeit.

LXX. Commune mundum, meum et tuum immundum.

Wir ſollten wohl alle Dinge gemein haben, wie den Sonnenſchein, Luft &c. &c. Da aber der Menſchen Boſheit das gemeine nicht konnte mit Liebe beſizen, hat es die menſchliche Noth erheiſcht, das gemeine zu Eigen zu machen und unter die Menſchen zu theilen.

LXXI. Mammona iniuſta poſſeſſio.

Was wir übrig haben iſt nicht unſer, ſondern ein unrecht Gut, das wir andern, ſo es benöthiget ſind, vorenthalten.

LXXII. Beneficus etiam ſuum defraudat genium. Stultiſſima eſt charitas et ſui ipſius proditrix. Charitas non excidit, nec poteſt quidem.

Rechte Liebe darbt, daß ſie dem Geliebten möge wohl thun. Sollen wir nun den Nächſten lieben als uns ſelbſt, ſo ſollen wir ihm auch Liebe beweiſen, mit ihm darben &c. Die Welt aber mit ihrer fleiſchlichen eigennützigen Liebe giebt nur, was ſie nicht mag noch darf.

LXXIII. Qui obſeruant legem, non obſeruant. Rurſus, non obſeruantes legem, obſeruant.

Chriſtus und die Phariſäer machen dieſen Gegenſaz wahr. Die Heuchler ſahen allein auf den Buchſtaben des Geſezes und wuſten nicht, daß das Geſez die Liebe war, wiederum haben die Apoſtel &c. ſich dem Buchſtaben des Geſezes nicht gefangen gegeben, ſondern es nach der Liebe ausgelegt. Das Geſez muß den Chriſten und nicht die Chriſten dem Geſez dienen.

LXXIV. Scriptura mundo mors et laqueus, piis modo lux et vita. Bona opera non proſunt, ſed obſunt plerumque impiis. Et linguae et ſcientiae omnes impiis immundae.

Den Unreinen iſt nichts rein, denn unrein iſt ihr Gewiſſen. Die heilige Schrifft und alle Künſte erleuchten ſie allein nicht, ſondern blenden ſie. — Die durch dieſe Mittel wollen fromm werden, handeln wie die, welche durch gute Früchte gute Bäume wollen werden, ſo doch der Baum vor den Früchten und der Menſch vor allen Werken fromm ſeyn muß.

LXXV. Deus peccatores non audit. Longe a peccatoribus ſalus.

Gott hört allein der Bußfertigen Gebet, die vorher ſchon gerecht, ihre Sünde verziehen und in ſein Reich aufgenommen ſind.

LXXVI. Mundus orare nequit. Oratio impii execrabilis. Os non orat, ſed orantis cordis eſt interpres. Patrem inuocare nemo poteſt, niſi ex Deo nati filii.

Es iſt wahr, wer den Nahmen des Herrn anruft, der wird ſelig; Gott meint aber ein Anruffen im Geiſt, Glauben und Wahrheit. Das Gebet iſt nichts, denn eine Erhebung und ein Sehnen des Gemüths zu Gott. Daraus folgt, daß allein das Herz bete.

LXXVII.

LXXVII. Praeter vocationem irrita praedicatio. Euangelium eſt virtus Dei viua, non littera mortua. Nouum Teſtamentum Spiritus ſanctus, non liber atramento ſcriptus, ſed digito Dei in tabulis cordis. Impius miniſter litterae legem et litteram praedicare poteſt, at Euangelium legem ſpiritus nequaquam.

Ohne den Beruf Gottes kann niemand predigen, ob er gleich eine Bibel vor ſich nähme und ohne allen Irrthum den Inhalt herauslaſe, ſo wäre es doch umſonſt. Ein Diener des Geiſtes muß allein vom heil. Geiſt beſtellt werden, wie Chriſtus und die Apoſtel nicht eher zum Predigen ſind ausgegangen, bis ſie mit der Kraft aus der Höhe angethan waren. Der Teufel kann Chriſtum nicht predigen, noch den heiligen Geiſt geben.

LXXVIII. Vt figura contra veritatem, ita lex cum lege pugnat. Chriſtus coram mundo ſuccumbit. Chriſtus, Deus, adeoque verbum Dei, mundus Antichriſtus et haereſis.

Wir ſollen das Innere nicht nach dem äuſſern, die Wahrheit nicht nach der Figur richten. Die Juden bogen Gottes Wort nach der äuſſern Figur und Buchſtaben, verfochten den Schatten und verlohren die Wahrheit. Das Geſez des Buchſtabens iſt wider das Geſez des Geiſtes.

LXXIX. Chriſtus adeoque ſtudium Dei, occidit Chriſtum. Zelum Dei et nomen Chriſti Antichriſtus habet.

Der allein weiß und erkennt Chriſtum, der ſein Leben lebt. Dies Leben iſt eitel Glauben, Liebe &c. — Darum ſollen wir den Eifer wohl prüfen, ob er aus Gott ſey, daß wir nicht um Chriſtum und Gott eifern wider Chriſtum und Gott.

XXC Neceſſitas caret feriis. Sola charitas eſt lege carens neceſſitas. Iuſto non eſt lex poſita. Soli fidei cedit charitas. Soli Deo locum dat neceſſitas.

Alle

Alle Geseze werden darum gegeben, daß sie zum Guten dienen und der menschlichen Noth zu Hülfe kommen. Wo sich nun ein Fall zutrüge, daß ein Gesez wider den gemeinen Nuzen und die Liebe wäre, so soll man dem Gesezgeber ins Herz sehen (welches ist der Geist aller Geseze), wie er es doch gemeinet habe. — Die Liebe hat kein Gesez, sondern ist das Gesez selbst, was Liebe ist, das ist gut und recht. Was nun die Liebe und Noth thut, das ist wohlgethan. Nun bleibt es auch hier wahr: es ist keine Regel ohne Ausnahme: die Noth und Liebe gehen vor allen Dingen, ausgenommen was Geist und Gott selbst ist. Der Glaube sieht allein auf Gott, die Liebe auf den Nächsten. Nun ist uns Gott viel näher, denn Weib, Kind, oder wir uns selbst, darum achtet der Glaube der Liebe nicht, wenn es wider Gott will, sondern schlägt Weib und Kind um seines Glaubens in die Schanze, ja um des Glaubens hasset der Gläubige sich selbst, seine eigene Seele und Leben.

XXCI. Serui non seruant legem, sed a lege liberi filii.

Sie dienen nicht frey Gott um Gotteswillen, daß sie also Lust, Liebe und Willen zu Gott und dem Guten haben, sondern ihnen selbst. Es ist ihnen um Himmel und Hölle zu thun, sie sehen in allen ihrem Thun auf sich selbst.

XXCII. Vendere omnia praeceptum, non consilium.

Christus hat uns allen ein Gebot vorgeschrieben, was einem gesagt ist, ist allen gesagt. — Alle Dinge verkaufen, heißt sich das Reich Gottes so heftig anliegen lassen, daß man alle Dinge darüber vergißt.

XXCIII. Probitas laudatur et alget. Mundus sibi ipsi contrarius, secum pugnat. Mundus sui ipsius propheta.

Der Welt Wissen und Leben, wenn du sie im Grunde ansiehest, ist wohl tausend Meilen von ihrem Munde und ihr Mund noch

viel

viel weiter von ihrem Herzen. Siehest du auf ihren Mund, so ist nichts frommeres auf Erden denn sie, und macht ein Geschrey von Christo und unserm Gott.

XXCIV. Qui apponit ſcientiam, apponit et laborem; nam in multa ſcientia, multa ignorantia et indignatio. Multa quaerenti multa deſunt. In multis quaeſtionibus error perpetuus. In nihili ſapiendo iucundiſſima vita.

Wer alles in der Welt will wiſſen und erfahren, der wird hinten nach ſogar irre, daß er von vielem Wiſſen nichts weiß. Die Welt, ſo eine Kunſt aus dem Evangelio macht, und mit 10,000 Quaeſtionibus *will erleuchten, auf daß Chriſtus eine bloſe Kunſt oder Wiſſen und keine Kraft und Leben bleibe. Je mehr einer im Fleiſch ſehend und weiſe wird, jemehr wird er vor Gott blinder und thörigter.*

XXCV. Neceſſitas Deus. Fides in incredulitate credit.

Gott will allein Gott ſeyn, und kann keinen Bey-Gott leiden, darum wirft er den Menſchen in alle Noth &c. &c. In dieſer Noth wird der Glaube ſo klein, daß der Menſch meint, es ſey um ihn aus, und unter dem Unglauben ganz beſchloſſen iſt. Denn kommt Gott &c. &c.

XXCVI. Quod quisque amat, aut metuit, hoc illi Deus eſt. Vbi animus, ibi Deus.

Woran wir unſer Herz hangen, das iſt unſer Gott, den Geizigen das Geld, dem Kaufmann der Handel &c. &c.

XXCVII. Malorum omnium operculum nomen Dei.

Es iſt kein Hader oder Krieg ſo böſe, der nicht in Gottes Namen anfange. In Gottes Namen mit vorhergehendem Gebet:

 vergib

vergib uns unsre Schuld &c. &c. schlagen die Krieger einander zu Tode, das heist aus Gott einen Abgott gemacht &c. &c.

XXCVIII. Condimentum omnis malitiae verbum Dei.

Es wird nichts so ungereimtes vorgenommen, dem man mit der Schrift nicht ein Ansehen gemacht habe. Und was ihm ein jeder vornimmt, das verzwickt er mit einer Schrift, die sich eben so will dazu reimen, wie ein Pfeiler zu einem Polster, unangesehen, daß die ganze Schrift dawider streitet. Ist einer ein Hochzeitknecht, so spricht er, Christus ist auch auf die Hochzeit gegangen, auch darum Wein aus Wasser gemacht, daß er die Gäste fröhlich machte, und ziehet dahin alle Sprüche von der Fröhlichkeit des Geistes im Herrn.

XXCIX. Impiis oratio ſacra piaculum et religio. Oratio non eſt ſacrificium (*Gottesdienſt*). Orantes ſaepius non orant, ſed blasphemant.

Weil das Gebet auf die Kinder Gottes und neuen Menschen gestellt ist, die aus Gott gebohren, in der Wahrheit mögen sprechen: Vater unser &c. &c. so folgt, daß allen Gottlosen verboten ist zu beten, weil sie nicht Gottes Kinder sind.

XC. Ex vno omnia. Bonorum Thaſus Deus.

Wir sind außer Gott nichts.

XCI. Fides absque operibus iuſtificat. Fides eſt et facit omnia. Fide legem et abrogamus et ſtabilimus.

So wir die angebotene Gnade annehmen, so empfähet dieser Glaube die Frömmigkeit vor und ohne alle Werke, weil wir noch Sünder sind. Wir leiden die Rechtfertigung und empfahen

die

die Frömmigkeit aus Gnaden in ihm, und mit dem hinnehmenden Glauben, der wie ein Magnet das Eisen, die Frömmigkeit Gottes an sich ziehet. Denn fromm werden ist wiedergebohren und in Gottes Reich zu allem Guten lebendig werden. Nun kann sich ja keiner lebendig würcken oder selbst wiedergebären.

XCII. Theologia adeoque fides ipsa, plus est experientia, quam scientia. Pauci credunt, quod credunt. Qui omnia credunt, plane nihil credunt. Mundus nimium fidit Deo.

Niemand kann den andern lehren, sehen, hören, empfinden, vielweniger glauben. Daher ist die Theologie und Glaube mehr eine Erfahrung, denn eine Kunst von außen gelehrt.

XCIII. Christianus non cadit sub regulas. Spiritus sanctus non patitur concilia et decreta hominum.

Das neue Testament ist keine Gesez-Ordnung &c. sondern der Bund des heiligen Geistes eines guten Gewissens mit Gott.

XCIV. Mundus regitur opinionibus.

Siehe an alle Historien, alle Welt zu aller Zeit, wo sie die Wahrheit haben mögen leiden.

XCV. Fides et scientia non cohaerent neque se compatiuntur. Fides non cadit sub artem.

Sintemal der Glaube unsichtbare Dinge fassen muß, mag ihn keine äußerliche Kunst lehren, sondern ein jeder muß des rechten Glaubens im innern Menschen von Gott gelehret und vergewissert seyn.

XCVI. Opera quamtumuis bona non iuſtificant, vt peſſima quaeuis non damnant, ſed teſtantur modo de homine. Opera non ſunt peccata neque iuſtitia (*Frömmigkeit*). Iuſtitia mera paſſio, et nullum plane opus. Homini etiam bene nedum male operari interdictum.

Darum bleibt ſündlich nicht allein das Böſe, ſondern auch das Gute, ſo lange bis er wiedergebohren aus Gott und Gott in ihm. Aus dem iſt klar, daß die Wercke nicht fromm machen, ſondern die neue Geburt.

XCVII. Vt ratio non eſt alligata legibus, ita neque praeſcripto Scripturae Spiritus ſanctus.

Gottes Wort iſt nicht an die Schrift gebunden.

XCVIII. Renatus etiam bonum, quod vult, non facit, ſed malum nolens. Iuſtus etiam bene agens, in bono opere peccat. Sancti quidem habent peccatum, at peccatum non committunt.

Die Heiligen haben auch Fleiſch und einen alten Menſchen an ſich, der nichts als eitel Sünde iſt, ſie thun aber keine Sünde nach dem inwendigen Menſchen.

XCIX. Omnia opera ante regenerationem peccata. Peccata quaeuis paria. Vna eſt virtus, vnum peccatum.

Weil der Menſch ein Feind Gottes und ein wilder Baum iſt, ſo gelten alle ſeine Früchte gleich. — Die allerkleinſte Tugend praeſupponiret, *daß man im Reiche Gottes ſey. Iſt er nun im Reiche des Glaubens, ſo hat er gewiß den heiligen Geiſt. — Auch die Laſter ſind gleich.*

C. Ar-

C. Arbitrium hominis et liberum et captum. Ad praeuiam gratiam etiam capta voluntas libera: voluntas, vt cogitatus, (*Gedanken*) non poteſt cogi. Voluntas reſpondet homini, liberi libera, ſerui capta.

Das Gemüth iſt von Gott nach ſeinem Bilde erſchaffen, daſs er frey allenthalben ſein Wollen thun kann. Gott hat auch den Menſchen erſchaffen, daſs er ſich weder ſeiner noch ſeines Willens annehme. Nun er ſich aber freywillig dem Satan übergeben hat, ſo iſt er ein Knecht der Sünde. Dieſe Freyheit (von der Sünde) hat Gott in Chriſto allen Menſchen angeboten. — Alſo thun wir gar nichts zu unſrer Seeligkeit, ſondern leiden allein dieſe, ſo wir die Gnade geduldig leiden, annehmen &c. &c.

CI. Tam iuſtitia quam peccatum voluntarium et in voluntate, affectu, corde modo ſitum. Vt iuſtitia ita peccatum res eſt ſpiritualis et interna.

Die Sünde und Frömmigkeit iſt frey, weil ſie allein im Gemüth, Willen &c. iſt, welche Dinge niemand aufhalten kann.

CII. Peccatum peccati poena, vt virtus ipſa ſibi pulcherrima merces.

Wer eine Sünde thut, wird Knecht der Sünde. Das erfährt man täglich. Wo eines Herz iſt, da iſt ſein Gott. Daraus folgt, daſs ein jeder Sünder auch ein Abgötter iſt.

VI.

Syſtema.

His praemiſſis, quis et qualis fuerit noſter, facile apparebit. Annumeratur quidem

I. Schwenk-

I. Schwenkfeldianis, ab Herzio in bibl. germ. p. 279; at ipſe Schwenkfeldius nonnulla in Franco noſtro taxauit, vid. Arnoldt. l. c. pag. 281.

II. Anabaptiſtis, a Baylio l. c. cui tamen repugnat iam ab Arnoldto commemorata opinionum et rituum Anabaptiſtarum diiudicatio, quam hiſtoriae ſuae eccleſiaſticae inſeruit et in qua alia huius ſectae propria e. gr. vituperium Paedobaptiſmi laudat, alia reiicit.

III. Haereſiarchis, a Zeltnero, citante Schelhornio *Ergötzlichk.* I. p. 112. quod haereticos plerumque excuſauerit, orthodoxos taxauerit. Id, quod quum Arnoldtus in libro ſuo notiſſimo etiam feciſſet, nigro lapide notatum, a poſteritate rectius ſentiente non omnino improbatum eſt.

IV. Chiliaſtis, ab eodem Zeltnero, et Theoſophis craſſioribus a Baumgartenio l. c. pag. 1067. Imo

V. Indifferentiſtis et Antiſcripturariis, a Ioechero l. c. cui tamen repugnat ipſa Franci declaratio iam ab Arnoldto excerpta, ita ſonans:

Das ſag' ich der Schrifft zu höchſter Ehre, und halt und glaube feſtiglich, daß ſie nach Gottes Sinn verſtanden, und im heil. Geiſt ausgelegt, wahrhaftig ſey Gottes-Wort, das auch, ehe der Welt Grund war gelegt, in Gott dem Vater von Ewigkeit war und allewegen ſeyn wird, die ich auch unter allen äuſſern Dingen ſamt dem äuſſerlichen Wort, Propheccy- und Auslegung der Schrifft für die leichteſte Gabe, ſo Gott ſeinen Knechten verlaſſen hat, wie Paulus 1 Cor. 8. Epheſ. 4. *gänzlich achte. Die*

Schrifft

Schrift aber hat, wie der Mensch und alle Dinge, einen Geist und Buchstaben, einen Geist und eine Seele. Der Buchstab tödtet, das Fleisch ist kein nütz, der Geist aber macht lebendig. Meine Worte, spricht Christus, sind Geist und Leben. Spricht nicht, meine Schrifft oder ein todter Buchstabe oder eitler Lufft und Menschen-Athem, sondern bringet mit sich Gottes Wesen, den heil. Geist, Christum in unser Herz wesentlich mit Kraft und That. Summa, die Schrifft ist dem erleuchteten ein Gott, Gottes Wort, Geist und Leben wahrhaftig, wie er sie im heil. Geist, der in ihnen wohnet, verstehet. Den Gottlosen ists ein Strick, der Todt, nichts weniger denn Gottes Wort, wie ihnen auch Gott nicht Gott ist. Pſalm. 9. *Unser Herz ist auch ein todter Buchstab und finstere Letern, wo es nicht mit dem Finger Gottes überschrieben, und lebendig gemacht wird (verbütschirt. Buch. Vorrede.)*

VI. Deiſtis, a Loeſchero in praenotion. theol. p. 63. conſ. ſect. V.

VII. Stoicis, a Baylio l. c. quod peccata omnia aequalia eſſe contenderit, in quo aſſerto Baylius certe mentem Franci non percepit. Id enim voluit, omnia peccata, qua talia, quia ſcil. omnia legibus diuinis repugnent, reſpectu dei aequalia i. e. taxanda ex punienda eſſe.

Sed quam peruerſe boni certe viri, qui ſcripta Franci aut non perlegerunt, aut cum aliorum Myſticorum e. gr. Tauleri, libris non compararunt, iudicauerint, imo ſibimetipſis contradixerint, iam in aprico eſt. Redit, quod liberali animo profiteor, ſyſtema Francianum, vt nonnullorum aliorum Myſticorum,

I. ad Spinozae de deo placitum: ΤΟ ΈΝ ΠΑΝ ΚΑΙ ΤΟ ΠΑΝ ΈΝ.

Conf. excerpta §. IV. fect. II. III. XIV. XXIII. XXX. et praecipue XLVIII. nec non Marnixii ad Bezam epiftola, a Baylio ex Opp. Bezae T. III. p. 206. fqq. citata:

Sebaftianus Francus, homo Germanus, qui mirifica huiusmodi portenta congeffit in fuas farragines, ac in primis in eum, quem Paradoxa infcripfit, librum, Axioma illud Serueti de Dei reali vel effentiali in omnibus et rebus et locis praefentia ita vrget, vt ex eo colligat, non modo brutas pecudes, fed ipfa etiam corpora inanima, tamen anima quadam communi atque diuina vel coelefti vegetari, quae nifi fallor a Virgilio mundi Spiritus, ab hoc verbum internum, fermo fpiritus, lux, potentia, vis, ac denique Filius ipfe Dei nominatur. Eam cum hominum omnium animos communi quadam vi fouere, tum praefertim in piis viris facultatem quandam ac fingularem exerere. Eoque recte illos vel Deos vel certe deificatos appellari. Quo fenfu vult Chriftum ipfum dici Filium Dei, cui Socratem ac Mercurium Trismegiftum, aliosque huius farinae nonnullos tanquam aequales ac focios adiunxit.

II. ad Kantianam de φαινομένοις, eorumque ad fpatium et tempus relatione hypothefin.

Conf. excerpta §. IV. fect. II. XIV. XXVIII. XXX. XXXIV, XXXXI. XXXXIV. et praecipue XXXXVIII. et XXXXIX.

III. ad Myfticorum de mortua, vel potius mortifera fcripturae facrae litera (textu, vocabulis) et viuificante fpiritu (ingenio, fenfu, germ. *Geift, Grundfätze und Maximen der Schrifft*) placitum. Scripturam ipfam magni aeftimat.

Conf.

Conf. excerpta nostra §. IV. sect. XXX. XXXXIV. §. V. sect. V.

IV. Praefert nouum testamentum veteri, et Mosaicum dei cultum infantium tantum fuisse, non τελειον, statuit.

Conf. excerpta §. IV. sect. XXXIX. XXXX. et XXXXIV.

V. Lutheri et Semleri de *historiae* Christi dignitate sententiam fouisse videtur.

Conf. allegata §. IV. sect. XXXVI.

VI. Abusus ecclesiae Romano - Catholicae, Lutherum et Zwinglium sequens, improbauit.

Conferatur eius chronicon, P. III. et epistola ad Campanum; quam Schelhornius in Amoenit. lit. Tom. IX. p. 59. sq. publici iuris fecit, nos autem in gratiam eorum, quibus iste liber ad manus non est, h. l. repetimus.

Daß ihr gegen alle genannte Lehrer der Römischen oder (wanns Gott beliebte) der Christlichen Kirchen seithero der Aposteln Zeiten bis auf diesen Tag eins befinnet und glaubet: und lieber eins gegen alle empfinden und glauben, als mit allen oder je mit vielen irren wollet: daran thut und glaubet ihr meines Erachtens recht und wohl. Und zweiffele gar nicht, dieselbe Meinung werde euch mit der Zeit mehr und mehr gefallen, und wünsche, daß ihr darin von Gott gestärket werden möget. Denn ich zweiffele nicht, daß nicht alle die berühmten Lehrer (deren Wort und Schriften nun im Wesen vorhanden und im Schwang sind) die Wölfe seyen, welche Paulus *im Geist vorgesehen, die sich in Gottes Schaafstall eindringen und der Heerde nicht verschonen würden* Act. 20. *Welche auch* Iohannes *Anti - Christen oder Wider - Christen nennet, die bey der Apostel Labzeiten schon*

 abge-

abgewichen, und von denselben ausgangen seyn; sie waren aber nicht von ihnen 1. Ioh. 2., *massen ihre Früchte und Werke genugsam Zeugniß geben. Denn bald darnach sind erfolgt und auskommen die Werk und Schriften von* Clemens, Irenaeus, Tertullianus, Cyprianus, Chrysostomus, Hilarius, Cyrillus, Origenes *und mehr andern, welche voll Tobens und fremder Unsinnigkeit, weit von der Apostel Geist abgesondert, voll Gebot, Gesez, Element, und menschlicher Einsezungen.* Irenaeus *erzehlte von sieben Stünden und Ordnungen der Menschen.* Clemens *ein Lehrjünger* Iacobi *des Apostels, (wie man vorgiebt) bringt etwas vom Fegfeuer, und viel ander unnütz Geschwätz auf die Bahn. Darauf ist alsbald anstatt der Tauf mit verkehrter Ordnung der Kindertauf erfolgt. Des Herrn Abendmahl ist in ein Opfer verändert: wodurch, wie ich wahrhaftig glaube, geschehen, daß nach dem Tod der Apostel die äußerliche Gemeinde Christi mit ihren Gaben und Testamenten durch den einfallenden und verderbenden Antichrist alsbald verschwunden, gen Himmel weggefahren, und im Geist und Wahrheit verborgen ist, also daß ich gewiß und versichert bin, daß seit vierzehn hundert Jahren her kein äußerlich versamlete Kirch oder Gemeinde mit ihren Sakramenten gewesen sey. &c.*

VII. Vrget spiritualem dei cultum (ἐν πνευματι και ἀληθειᾳ). Ceremoniae vero ei media tantum sunt, ad internum dei cultum perueniendi. Facile igitur apparet, cur de sacramentis, vel potius ritibus, quibus in administrandis sacramentis vti solemus, inique iudicauerit.

Conf. excerpta nostra §. IV. sectt. XXX. XXXII. XXXXIV. et XXXXVI. cum iudicio Theologorum Smalcaldiensium, vel potius Melanchthonis, de Schwenkfeldio, Franco et aliis erronibus, in Melanchth. Opp. Parte II. fol. 201. quod ita se habet:

Nec

Nec conſtat hic coetus ex diuerſis ſectis, vt Sebaſtianus Francus fingit, qui omnes pariter fingit eſſe Eccleſiam, Papiſtas et eos, qui nobiscum ſentiunt. Hanc fanaticam confeſſionem ſciunt pii improbandam eſſe et meminerint oportere extare confeſſionem, quam quisque Eccleſiam probet. Scribit et alia multa Sebaſtianus Francus digna reprehenſione. Edidit paradoxa, in quibus et hoc eſt: omnia peccata eſſe paria. Etſi autem ſtudet hoc dictum et ſimilia gloſſis quibusdam pingere et fucare, tamen hae praeſtigiae disputationum non ſunt vtiles Eccleſiae. Improprie dicta multos errores pariunt. Nec Eccleſia a Zenone, ſed a Chriſto dogmata accipit, qui discernit inter blasphemias et caetera peccata, item inter peccata ſanctorum et impiorum. Multa etiam colligit Francus ad ſcripturae autoritatem extenuandam, et iubet ſpiritum quaeri, omiſſo verbo.

VIII. Reiicit paedobaptiſmum. Infantes enim σαρκικοι, nondum πνευμα percipere poſſunt.

Conf. ſectione VI. allegata Franci epiſtola.

IX. Veram Chriſti eccleſiam non eſſe agmen hominum tempori, loco, perſonis adſtrictum, ſed ſpirituale vel quaſi corpus membrorum Chriſti ex Deo natorum, et vno eodemque ſenſu, ſpiritu et fide colligatorum, quorum ſignum ſit caritas erga proximum.

Conf. §. IV. ſect. XXVI.

X. Doctores eccleſiae, poſt obitum Apoſtolorum, et inprimis Scholaſticos a via veritatis omnes aberraſſe et ad Antichriſtum transiiſſe, veram igitur Chriſti eccleſiam, mortuis Apoſtolis, nullibi extitiſſe.

Conf. ſupra citata Franci epiſtola ad Campanum.

XI. Contemnit omne sectarum studium, quod externa tantum et σαρκικα tractet et interna, Christianismi propria, πνευμα negligat.

Conf. excerpta nostra §. IV. sect. XXXIV. XXXVIII. XXXXIII. et locus iam ab Arnoldto p. 781. 782. laudatus:

Es gehet mir auch mit etlichen also, darum, daß ich die Schrift nicht alle Wege an allen Orten, wie sie, verstehe, sondern meine Gaben, der Gemeine Gottes zu gut, nicht für Artikel des Glaubens, sondern zu prüfen und zu urtheilen — fürlege: so verrufft der mich für einen Sonderling, der für einen Sektiker, der für einen Letzkopff und Wiedertäufer, dieser noch ärger; so doch meinem genio *gar zuwider ist, und mich bishero von Gottes Gnaden so unparteyisch gegen jedermann gehalten habe, ja ein solch Mißfallen ob allen Sekten und Absonderungen (ohne die man mit der Welt Greueln und Lastern hat) daß ich auch noch unter dem Papstthum, Türken, allen Sekten, Völkern und Nationen meine Brüder und Glieder des Leibes Christi zu seyn achte. —* Paulus *will nicht leiden, daß sich jemand nach ihm Paulisch nenne: was wollen wir armen Erdwürmer und Fleisch-Klözer also höflich begehren, daß ich nach ihm Papistisch, Zwinglisch, Lutherisch und Täufferisch genennet werde, weil ich samt ihnen auf Christum getauft, Christo nach ein Christ, und nicht Benediktisch oder Türkisch werde genannt. Ich halte aber mit Petro für meine Brüder, Fleisch und Blut alle, die oberzehlten allen, ja unter allen Völkern, die Gott suchen, ob sie gleich noch bis zur Zeit ihrer Ausführung und Erleuchtung in Irrthum schweben. — Ich will auch meine Schriften, ob ich mir gleich keines Fehls oder Irrthums bewußt bin, nicht anders vertheidiget haben, denn so fern sie der Schrift gemäß sind, der Propheten Urtheil oder sitzenden Probe und Recht erleiden und der Salbung, Gottes Wort, Christo dem Licht und Leben der Menschen in uns Zeugniß geben. Was nicht*

nicht Gottes, sondern mein ist, das fahre immer zu hin und werde recht von allen Christen verurtheilt. — Also hab ich mich so unparteyisch gegen jederman gehalten, daß ich mich in besondere Sekten nie hab eingelassen, daß ich sonst niemanden Christen geacht, sondern eitel Höllenbrände, die es nicht durchaus mit uns halten, bin auch wiederum von keiner zertrennt und geschieden, wol wissend, daß die Gemeine Gottes nicht Fingerzeigung ist. — Es ist mir eine Wahrheit, eine Wahrheit und liebe sie. Gott geb, wer sie sag, auch in Kätzern, und bitte Gott für den übrigen Irrthümern, daß er sie zudecke, verzeihe oder entdeke. Und bin des Irrens und Fehlgreiffens an allen Menschen gewohnet, daß ich keinen Menschen auf dem Erdboden darum hasse.

XII. Omnes, cuiuscunque religionis et sectae, ferre s. tolerare praecipit.

Conf. excerpta §. IV. sect. XXXIV. XXXXIII.

XIII. Magistratibus ciuilibus non competere ius de credendis et agendis Christianorum decernendi. Apud Deum enim et in caussa religionis non valere iura politica.

Conf. Buceri *Gesprãche von der Gemeinsame und Kirchenübungen der Christen &c. Augsb. 1535*, et quae ex his colloquiis Schelhornius excerpsit in T. I. *Ergötzl.* p. 117.

XIV. Reiicit Augustini Praedestinationem et Pelagii opiniones.

Conf. excerpta §. IV. sect. XIV. XX. XXIV. XXIX. XXXIX.

XV. Distinguit malum et peccatum originis.

Conf. §. IV. sect. XXI. XXXVI. XXXIX.

XVI.

XVI. Peccatis noſtris non offendi deum, nobis ipſis tantum noceri ſtatuit.

Conf. §. IV. ſect. VIII.

XVII. Negat igitur punitiuam dei iuſtitiam.

Conf. §. IV. ſect. X. XV. inprimis XVIII.

XVIII. Satisfactione Chriſti nos quidem deo reconciliatos, deum nobis non reconciliatum eſſe contendit.

Conf. §. IV. ſect. XV. inprimis XXXXVII.

XIX. Inſpirationem ſacrae ſcripturae naturali modo explicat.

Conf. §. IV. ſect. XXVII.

XX. Cur de nobilibus et foeminis inique iudicauerit, disquirere Theologi non eſt.

Conf. *Spangenbergs Adelsſpiegel* P. II. Lib. I. cap. III. fol. m. 9. et P. I. Lib. XIII. cap. 2.

FINIS.